新时代中华传统文化知识丛书

中华古代赋税

李燕　罗日明　主编

应急管理出版社

·北京·

图书在版编目（CIP）数据

中华古代赋税／李燕，罗日明主编 . －－北京：应急管理
出版社，2024

（新时代中华传统文化知识丛书）

ISBN 978－7－5237－0033－4

Ⅰ.①中…　Ⅱ.①李…　②罗…　Ⅲ.①税收管理—财政史—
中国—古代　Ⅳ.①F812.92

中国国家版本馆 CIP 数据核字（2023）第 222164 号

中华古代赋税（新时代中华传统文化知识丛书）

主　　编　李　燕　罗日明
责任编辑　郭浩亮
封面设计　薛　芳

出版发行　应急管理出版社（北京市朝阳区芬药居 35 号　100029）
电　　话　010－84657898（总编室）　010－84657880（读者服务部）
网　　址　www.cciph.com.cn
印　　刷　艺通印刷（天津）有限公司
经　　销　全国新华书店

开　　本　710mm×1000mm$^1/_{16}$　印张　9$^1/_2$　字数　80 千字
版　　次　2024 年 3 月第 1 版　2024 年 3 月第 1 次印刷
社内编号　20221083　　　　　定价　39.80 元

　　悠悠中华史，上下五千年，我国是世界上为数不多的文明古国之一。几千年前，中华民族的先辈就在这块土地上繁衍生息，谱写中华历史的壮丽篇章。

　　时间再向前推进，在几十万年前，中华大地仍处于原始社会时期，人们依靠采集渔猎来生存。氏族部落制度的形成极大促进了社会经济的发展，人们开始逐渐摆脱渔猎生活，转而依靠种植、驯养家畜来维持生计。

　　东汉班固等人所编的《白虎通义》记载，神农氏是最早从事农业生产的人，他"因天之时，分地之利，制耒耜，教民农作"。无论这位神农氏是天神下凡，还是普通的部落首领，反正他的出现让我国成为世界上最早几个发展农业的国家。

　　在农业发展的同时，畜牧业和手工业的出现与发展，也对原始人类生活的改善，以及原始社会经济的发展起到了重要推动作用。在这一时期，生产力的发展带动着整个社会向前发展。一些人开始用剩余的粮食来交换自己没有的手工艺品，一种以直接交换为目的的商品生产出现了，随之而来的是私人占有财富的不断增多。自此，原始社会开始迅速向奴隶社会转变。

生产力的发展，剩余产品的出现，导致了私有制的产生；氏族部落内部财产占有的差别，则催生了阶级分化，这些都为奴隶制国家的产生奠定了基础。其实，在国家出现之前，为了满足氏族部落首领及氏族部落发展的需要，氏族成员也需要缴纳一些产品。虽然这种行为与古代赋税缴纳很相似，但在国家产生之前，这些行为还不具有税收的性质，只有国家产生之后，才有了真正意义上的赋税。国家出现之后，为了强化自己的统治，便有了最初的赋税。

"赋"字由"贝""武"二字组成，"贝"可以看作古代货币的代称，而"武"则与军事战争有关。因此"赋"最初的意思是缴纳供应兵甲车马等的军赋，后来逐渐演变为田地税，即田赋。

"税"字由"禾""兑"二字组成，"禾"为农产品，即古代实物赋税中的各类谷物；"兑"意为兑换，即交换之意。古代的"税"是百姓用自己生产的物品奉养天子，为百官提供俸禄，以及用实物抵众多的杂事费用。

赋税是人类社会发展到一定阶段的产物。在夏王朝时，我国便已经出现了赋税。在夏之后，一直到清王朝，每一个朝代都拥有自己独具特色的赋税制度。

本书介绍了中国古代赋税制度的演变，从书中你可以了解田赋、工商税、专卖制等的发展脉络和历史兴衰，也能了解古代百姓生活的酸甜苦辣。希望各位读者通过本书中对古代赋税制度的介绍，更好地理解现代税收的价值与意义。

目 录

第一章

古代赋税的起源

一、夏王朝的赋税形式

当生产力发展到一定阶段后，出现了剩余产品和贫富分化，就会产生私有制、阶级、国家，赋税也随之产生了。夏王朝的贡赋制度是迄今我国发现的最早的税收制度，夏王朝的贡赋对于维护政权稳定起到了重要作用。

国家为了维持自身的公共权力，需要向人民征收捐税，这在氏族部落时代是从来没有出现过的。从当前考古研究来看，夏王朝时期的赋税主要是贡赋。

唐代史学家杜佑在《通典·食货四》中提到："禹定九州，量远近，制五服，任土作贡，分田定税，十一而赋，万国以康。"这里的"分田定税，十一而赋"便是当时的赋税制度，即根据各地距离京畿地区的远近，以及土地质量的高低，要征收土地收成十分之一的税。

京畿地区拥有少量土地的平民，夏王朝要征收一定的实物贡税。《孟子·滕文公上》中提到"夏后氏五十而贡"，夏王朝平民缴纳土地贡税的标准是十分之一，如将所耕种的五十亩土地中的五亩地的收获贡献给国家。

此外，夏王朝还有一种贡赋，即各地臣属要向中央政权贡献各类产品，主要是地方特产。这一点司马迁在《史记·夏本纪》中有记载："济、河维兖州……其贡漆丝，其篚织文。""海岱及淮维徐州……贡维土五色，羽畎夏狄，峄阳孤桐，泗滨浮磬，淮夷蠙珠暨鱼，其篚玄纤缟。"

在禹之后，夏启继位，开启了"家天下"的历史，为了让自己的统治地位更加稳固，夏启进行了一系列改革。夏启很清楚武装的重要性，因此他设立了军队、监狱等暴力机关。这些暴力机关的出现除了维护王权稳固外，还在很大程度上保障了赋税征收的稳定有序。夏王朝的赋税制度虽然还不够完善，但对于稳固奴隶制王朝产生了许多积极意义。

首先，在维护王朝政权统治方面，贡赋为王朝提供了重要的财政及物力支持。王朝的存在与发展需要有财政的支持，如果没有源源不断的财政收入，就没办法发挥其应有的统治职能，社会的安定就无法得到保障。这一点对于各个历史阶段的国家都是如此。

其次，在维护宗法统治方面，贡赋是维护奴隶主贵族统治的重要工具。奴隶主贵族从天子那里得到了重要的土地，便有向天子贡献财物的义务，这才是正常的宗法统治秩序。如果奴隶主贵族不向天子贡赋，那便会出现礼崩乐坏的社会秩序混乱的情况。

作为我国第一个奴隶制王朝，夏王朝虽然推行了较为固定的赋税制度，但在赋税征收方面还存在着较多的问题。各诸侯、方国所贡献的产品既不定时，也不定量，轻重优劣也无法衡量。可以说夏王朝的赋税制度还处于一个不成熟阶段，但是它对后代赋税制度的形成和发展有着极其重要的意义。

二、商周时期的赋税制度

商与周，已经发展成了经济水平很高的奴隶制国家，可以说是当时世界上为数不多的文明国家。商和周社会经济发展的原因有很多，赋税制度的完善在其中也发挥了重要的作用。

《孟子·滕文公上》中说道："夏后氏五十而贡，殷人七十而助，周人百亩而彻，其实皆什一也。"这里的"贡""助""彻"就是夏商周时期的赋税制度。前文已经介绍了夏朝的贡赋，下面主要对商朝的"助"和周朝的"彻"，以及其他赋税制度进行介绍。

自商至周，一直都实行井田制，"助"和"彻"都是在井田制基础上形成的田赋制度。

按照《孟子·滕文公上》中所说，"助"的税率是"十一税率"，即按其收成的十分之一来纳税。但据后世理学家朱熹所述，井田制是将六百三十亩土地分成九块，每块七十亩，中间是公田，其余八块，八家各耕一块。纳税形式是，合八家之力助耕公田，以公田的收获交公。私田则不再纳税。由于每家要负担八分之一，因此当时"助"的税率应该比"十一税率"高一些。

自西周以来，随着社会生产力的发展，劳动生产率得到了显著提高。在井田之外，人们开始开垦荒地耕种，公田逐渐荒废，导致以"助"来获取的国家税收也明显减少，周王室急需一种新的田赋制度来确保自身的财政收入。"彻"便是在这种背景下产生的一种田赋制度。

"周人百亩而彻"中的"彻"便是周朝的田赋征收方法。它指的是将九百亩土地分为九块，每块一百亩，中为公田，由八家共耕。在缴纳赋税时，要按照百亩实际的收获量来缴纳实物，税率也为十分之一。这种对土地上的收获物统一征税的方法，不仅能解决周王室税收稳定的问题，还不会影响劳动人民的生产积极性。

除了"助""彻"，周朝也有贡赋，诸侯和平民需要按规定向周天子上贡。这些贡通常是无偿的、强制性的，诸侯和平民必须按时缴纳。

周代的贡主要有两种：一种是邦国之贡，主要包括祀贡、嫔贡、器贡、币贡、材贡、货贡、服贡等九类，诸侯根据等级，贡献不同数量的贡物；另一种是万民之贡，即当时的平民向王室直接贡纳各种财物。无论是邦国之贡，还是万民之贡，贡物都必须按时缴纳，否则会受到惩罚。

除了田赋制度，夏商周时期的赋税制度中还包括商税、罚课和徭役。

自商至周，商品贸易活动越来越频繁，统治者对商品交换活动所征收的商税种类也越来越多。商代时还只是征收一些市场管理费，到了周代则出现了"关市之征"。在西周的"关市之征"中，关市税和山泽税是两项主要的商税。

关市税可以分为关税和市税。关税主要是对通过陆路关卡或道路要隘处的商人征收赋税。市税的名目繁多，主要是对各类商业活动经营者征收的税，比如，市税中有质布、罚布等名目。

山泽税是对山林、水泽所产之物征收的税，比如，山林中所产的兽皮、兽角、羽毛，池塘之中的鱼、盐等，都需要征收相应实物。

罚课是因受到惩罚而缴纳的税费。那些不卖力劳动或者完不成生产任务的百姓，都要受到缴纳额外税费或服徭役的处罚。

徭役主要包括力役和军役。力役指的是强制民众从事劳役活动，比如，跟随诸侯外出游猎、追捕盗贼、修建工

事等。除一些特权阶级可以免除力役外，其他所有适龄平
民都要按时按量服役。军役指的是兵役和军赋。以周代来
说，兵役通常为七家出一人。军赋是指百姓要根据拥有田
地的多少，自行准备战马和武器。

　　商周时期，赋税制度随着社会生产力的发展不断丰
富。这既为国家政权的稳固提供了重要支持，也为后世赋
税制度的形成及完善提供了重要基础。即使进入了封建社
会，从历代的赋税制度中也依然能看到夏商周时期赋税制
度的痕迹。

三、春秋时期的赋税制度改革

春秋时期是我国从奴隶社会向封建社会转变的重要时期，许多诸侯国为了自身需要都进行了赋税制度改革。这在一定程度上促进了这些诸侯国经济和军事的发展，对当时的政治格局造成了深远影响。

春秋时期，各诸侯国进行赋税改革，主要是当时社会生产力的发展、生产关系的变化，以及诸侯兼并战争所致。这些因素的出现，让那些胸怀大志的诸侯、卿大夫不得不行动起来，对原有的赋税制度进行改革，以壮大经济及军事实力，谋求更高的社会地位。

在诸侯中，齐桓公进行的赋税改革是最成功的。他按照管仲的改革内容，以"相地而衰征"之法改革田制及田赋。所谓"相地而衰征"，就是将土地按照好坏、远近、产量等分为若干等级，然后再按土地等级来征收田赋。

管仲的这套田赋改革方法，在一定程度上起到了使民众不会因负担过重而破产逃亡的作用。耕种土地的劳动者不必再担心不合理的赋税负担，也可以更加安心地从事农业生产。这种田赋制度既有利于农业生产的发展，也使齐国的经济得到快速的发展。齐桓公成为春秋时期的第一位霸主，也证明了管仲改革的实际价值。

在齐国之后，晋国也在田赋方面进行了改革。韩原之战中，晋惠公被俘，大臣代表晋惠公进行了"作爰田"改革，晋国的"作爰田"就是"赏众以田"，即晋国公室拿出土地赏赐给大臣和人民。百姓拥有了可耕种的田地，自然欢欣不已，因国君被俘而生的失落感也一扫而空，劳动积极性得到大幅提高。晋国的农业及经济水平也得到了显著提高，国力迅速恢复。

铁器与牛耕

春秋时期，铁器与牛耕在农业生产中发挥了重要作用；水利灌溉技术的进步也为社会生产力的发展提供了重要助力。在这一背景下，大量荒地被开垦为私田，成为个人的私有财产，诸侯、卿大夫通过自身的权势，以兼并、扩张等手段不断扩充自己的土地与财富。越来越多私田的出现，使得人们对耕种公田失去了兴趣。这一变化严重影响了国家财政收入的稳定。针对这种情况，鲁国率先将私田纳入征税范围。

公元前 594 年，鲁国开始实行按亩征税的田赋制度，即"初税亩"制度，具体以"公田之法，十足其一；今又履其余亩，复十取一"进行征收，即除了对公田征收其收成的十分之一外，还要根据实际面积对私田征收其收成的十分之一。简单来说，就是不管耕种的是公田，还是私田，都要按照土地面积，向国家缴纳土地收成十分之一的税。

初税亩制度实行后，鲁国的财政收入大增，同时也正式承认了土地私有的合法性，这在之前的赋税制度改革中是从未有过的。在鲁国之后，楚国、郑国和晋国也实行了类似制度，土地私有在更广阔的范围内得到承认。这使得地主阶级开始兴起，奴隶主阶级走向没落。

公元前 590 年，鲁国还实行了"作丘甲"制度，对军赋进行了改革。所谓"作丘甲"，即先确定一丘所出的军赋数量，然后再由丘中之人按耕地数分摊军赋。在鲁国之后，楚国、郑国也对军赋征收进行了改革，其做法基本是把军赋与土地捆绑在一起。这在很大程度上突破了奴隶社会的军赋限制，为封建社会军赋制度的确立打下了基础。

各诸侯国都对赋税制度进行改革，也说明了周王室所实行的赋税制度已经不再适合当时社会生产力发展的需要。在各诸侯国不断兼并扩张、不断改革的过程中，封建生产关系开始形成，与此同时，一种适应封建生产关系的赋税制度也在慢慢形成。

四、春秋时期的专卖制度

春秋时期商业的发展繁荣，让各国的贵族赚得盆满钵满，这对于维护国家统治大为不利。为此，各国统治者在改革田制、田赋之外，还对一些重要生产生活物资实行了专卖制度，以限制贵族权势的膨胀。

所谓"专卖"，就是国家对于某些影响国计民生的重要物资，在产、运、销各个环节，都采取国家经营的一种制度。在我国古代，统治者为了避免富商、贵族与自己争利，威胁国家政权的稳定，通常会将一些重要物资的生产和经营权掌控在自己手中，最为常见的就是盐、铁专卖。

在《管子·海王》中，齐桓公向管仲询问如何满足国家财政需求，管仲给出了专营山海资源这一答案；齐桓公继续询问什么是专营山海资源，管仲又给出了"海王之国，谨正盐策"的答案。管仲所说的"谨正盐策"就是注重对盐这种商品的征税政策。为什么管仲如此看重对盐这种商品的征税政策呢？

管仲曾经算过一笔账：一个月，一个成年男子要吃近五升半的盐，一个成年女子要吃近三升半的盐，小孩近两升半就够了。如果将每升盐的价格提高一钱，这样一个月这个三口之家就要多花费十几钱来买盐。以此来推算，如果是一个万乘之国，有千万人吃盐，每升盐加价二钱出售，那么一个月便能获得六千万钱。

从管仲的推算我们也可以看出，将盐的经营权管控起来，要比加征人口税有效。在管仲看来，如果每人多征几钱人口税，百姓就会感受到负担与压迫，不利于国家安全与稳定。但把这多征的钱加在盐价上，百姓就不会那么不安。即使不安，他们也会照常买盐、吃盐。

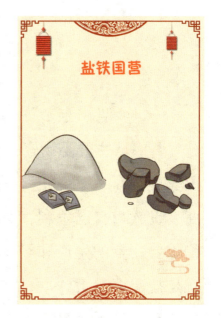

经过管仲一通分析，齐桓公同意了管仲的食盐专卖的做法。于是在农闲时节，许多农民便会按照国家的要求制盐。这些盐制好之后并不能用于销售，而是由国家负责存储起来，等到盐价上涨之时，再运到其他不产盐的诸侯国去，狠狠赚一笔。

铁与盐一样，在当时都属于人们的生活必需品。按管仲的说法，每根针加价一钱，三十根针加价的收入就能抵得上一个人一个月应缴纳的税；一把铁制农具如果加价十钱，三个农具的收入就能抵得上一个人一个月应缴纳的税。从这一角度来看，商品专卖制度所获得的利益要远胜于征收课税所获得的利益。

如果某个国家既不产盐，又不产铁，那是不是就不能赚盐铁专卖的钱了呢？虽然自己没有这种烦恼，但齐桓公还是向管仲提出了这一问题。管仲给出的答案也很简单，他认为，不产盐的国家可以从产盐国家买贵一些的盐，比如，以每釜十五钱的价格买进，然后再凭借专卖制度以每釜一百钱的价格卖出，也是一种增加财政收入的方法。

其实除了盐和铁，春秋时期还有很多可以专卖的商品，比如，粮食、木材等。国家可以通过专卖制度管控这些商品的生产和存储，然后在适当时机卖出，也能起到增加财政收入的作用。为此，国家必须制定完善且严格的政策，禁止个人随意开发、出售国家专卖资源，如果制定的惩罚措施不够重，国家的专卖制度便可能让贵族、富商们钻了空子。

　　管仲作为专卖制度的开创者，在齐国大力实行专卖制度，通过国家掌握人们生活的必需品，来确保财政收入的稳定。同时，这些具有重要意义的资源由国家管控，也在一定程度上打击了贵族、富商们的投机倒把活动，对于维护统治阶级利益起到了重要作用。

五、战国时期的赋税制度改革

战国时期，各诸侯国的争霸战争较春秋时期有过之而无不及，强大的经济及军事实力成为各诸侯国关注的重点问题。为了强国强军，各诸侯国纷纷对赋税制度进行了改革。

战国时期最早进行赋税制度改革的是魏国。公元前 406 年，魏文侯重用李悝等人进行改革。其实在魏国还未从晋国分离出来时，晋国的六卿（赵氏、魏氏、韩氏、智氏、范氏和中行氏）便进行过一场废除井田制的经济改革，只不过这场改革并不如魏文侯时李悝的改革彻底，因此影响也相对有限。

在经济方面，李悝对传统的井田制发起最后的进攻，彻底废除了井田制，将土地私有买卖合法化。考虑到魏国地少人多的情况，李悝提出"尽地力之教"的政策，在适当减轻徭役和赋税的同时，鼓励农民积极垦荒，并引导农民根据不同地势和土壤，种植不同作物，督促农民勤于耕作，增加产量。

几年下来，魏国的农业生产得到了发展，粮食产量也得到了显著提升。但与此同时，粮多价贱，粮贱伤农成为魏国要解决的新问题。为此，李悝又在魏国推行了平籴法来调动农民的生产积极性。

所谓"平籴法"，就是按照年成丰歉和灾情大小的不同，有针对性地采取不同的征税政策，即在丰年由国家平价收购粮食储存，在荒年再由国家平价卖给农民。这种做法解决了粮贱伤农问题，确保了市场粮价及百姓生活的稳定，同时保障了国家的赋税收入。

在李悝的改革下，魏国国力日渐强盛。李悝改革中的重农抑商的思想也成为后世改革者推行改革的主导思想。

在魏国之后，楚国在吴起的主导下也进行了一系列改革。虽然改革以吴起身死宣告失败，但他所采取的一系列举措对楚国的政治、经济发展产生了重要影响。楚国也依靠吴起的改革，实现了富国强兵的目的。

战国时期影响最深远的改革，当数秦国所推行的一系列改革。公元前408年，秦国实行初租禾制度。这是一种与鲁国的初税亩制度类似的田赋制度，承认私田的私有权，按照所有土地的面积缴纳一定数量的谷物，即按地亩征收租税。

公元前359年，秦孝公重用商鞅开展变法。随着《垦草令》的成功实施，商鞅在秦国开始了第一次变法。在这次变法中，商鞅借鉴了李悝重农抑商的思想，奖励耕织，鼓励垦荒。新法规定：对于生产粮食和布帛多的个人，可以免除劳役和赋税；对于商业活动，征收重税。

商鞅的第一次变法调动了农民的劳动积极性，扩大了国家赋税来源，为秦国经济和军事实力的提升打下了坚实的基础。眼看着秦国一天天变强，秦孝公又在公元前350年命令商鞅进行了第二次变法。

商鞅的第二次变法彻底废除了旧有的井田制，"开阡陌封疆"，正式承认土地私有，国家按田亩收税，允许土地自由买卖，为封建经济发展铺平了道路。此外，这次变法在继续贯彻重农抑商思想的同时，还对户籍制度进行了改革，禁止父子兄弟同家共业，一户有两个以上成年男子不分家的，将加倍课赋。这种做法确保了国家的兵源和税源。为了保证国家的税收，在这次变法中，商鞅还统一了度量衡制，颁布了度量衡的标准器。

经过商鞅的两次变法，秦国经济得到显著发展，迅速跃升为战国后期最富强的国家。这为秦国扫平六国、一统天下奠定了坚实的基础。

总的来说，战国时期各诸侯国的改革是"因时而动"的。各诸侯国出于争霸需要，必须通过改革实现富国强兵的目的。这些改革虽然结果各不相同，但都在一定程度上打击了贵族势力，瓦解了旧有的奴隶制生产关系，为封建制经济的全面发展铺平了道路。

第二章

秦汉时期的
赋税制度

一、秦汉时期的田赋

在封建土地私有制的基础上，秦汉农民的生产积极性大为提高，这使得秦汉时期的农业生产获得显著发展。但是，秦朝和汉朝的田赋政策呈现出了截然不同的特征。

秦始皇统一六国后，在政治、经济、军事、文化等方面进行了一系列改革，这对稳固秦王朝的统治起到了重要作用。

公元前216年，秦始皇颁布法令要求"使黔首自实田"，即让拥有土地的人自行呈报拥有田地的数量，国家按田亩征税。这一法令从法律层面承认了封建土地私有制，在某种程度上也默许了土地兼并的合法性。

为了进一步促进经济的发展，秦始皇还推行了"上农除末""尊奖兼并"的政策，在重农抑商的同时，鼓励土地兼并。这确实在很大程度上促进了秦王朝经济的发展，但也造成了"富者田连阡陌，贫者无立锥之地"的状况。

富裕的地主阶级可以不加节制地兼并土地，无地、少地的农民则只能耕种地主阶级的土地，承受地主阶级的剥削。因此，他们要按规定向国家缴纳人头税，还要向地主权贵缴纳租税，并承担繁重的徭役。《汉书》记载："一岁屯戍，一岁力役，三十倍于古；田租、口赋、盐铁之利，二十倍于古。"当越来越多的人难以承受这沉重的负担时，他们便在各地揭竿起义。

秦末农民起义的爆发与秦朝严苛的赋税制度有着密切关系。过度榨取民力，虽然能得一时繁荣，但难保江山永固。汉王朝的统治者明显吸取了秦朝灭亡的教训，在汉初经济凋敝、百废待兴之时，采取了轻徭薄赋、与民休息的统治政策。

司马迁在《史记·平准书》中详细记述了汉朝解决财政危机所采取的各种政策。在田赋征收上，司马迁提到了"量吏禄，度官用，以赋于民"的原则，即核算官员工资，估算政府开销，然后再向百姓征收赋税。在西汉初期，政府的开销并不多，因此汉初将税率定为"什五税一"。这样做的主要目的还是安抚民心，巩固统治，以便尽快恢复经济。

事实证明，这种轻税赋的政策确实让农民的生活有所改善，但他们也只是尚够温饱，安居乐业还谈不上。此外，百姓穷，西汉政府也穷，这种轻税政策并没有为充实汉王朝的国库做出太大贡献。

面对这种状况，西汉政治家晁错在《论贵粟疏》中提出："地有遗利，民有余力，生谷之土未尽垦，山泽之利未尽出也，游食之民未尽归农也。"他建议汉文帝继续奉行轻徭薄赋的政策，让地尽其利、民尽其力，在特殊时节，甚至可以不收农民租税。

公元前168年，汉文帝继续奉行轻税政策，诏免"民十二年租税之半"。自此，三十税一成为定制，只有在东汉初期的一段时间改回了什一税率，此后从汉光武帝六年（30）至汉献帝初年，三十税一之制皆未改动。

除了基本的田赋，汉代还曾征收过田赋附加。如公元165年，因用兵等花费甚多，汉桓帝开征田赋附加，每亩田地加征铜钱十文，以货币缴纳。同样也是在东汉时期，汉灵帝为了修复被烧毁的宫殿，也征收过田赋附加。但这两次田赋附加都属于临时征收，并非定制。

汉王朝的轻税政策促进了封建经济的恢复和发展，也维护了汉王朝的统治。汉武帝时期迎来了大汉盛世，在很大程度上也是得益于这种轻徭薄赋的赋税政策。

二、秦汉时期的口赋与算赋

秦汉时期的赋是一种人头税，这种按人头征税的方法在战国时期就已经出现了，但一直到汉朝时期，这种征收方式才成为明确的制度。

关于秦朝按人头征税的情况，《史记·张耳陈余列传》中有"头会箕敛，以供军费"的记载。这里面的"头会"就是一种计征人头税的方法，但具体征收对象是谁、收多收少等情况，从现在考古发现的史料中还无法查证。

汉代的人头税主要可分为口赋和算赋两种。

口赋又名口钱，是一种向七岁到十四岁儿童征收的人头税。汉武帝以前，每个适龄的儿童每年需要缴纳口赋二十钱；汉武帝时期，因常年对外征战花费甚巨，为了增加国家财政收入，便将缴纳口赋儿童的年龄降到三岁，而且将口赋增加到了每人每年二十三钱；汉元帝时期，重新将缴纳口赋儿童的最低年龄修改为七岁，但每个儿童每年仍要缴纳二十三钱。

汉武帝至汉元帝时期加重征收口赋，在一定程度上增加了国家的财政收入，但也造成了许多不良的社会影响。一些多子家庭因无力承受口赋负担，只得将孩子丢弃或扼杀，引发了不少惨剧。

汉朝的口赋

看上去并不算多的口赋怎么就能压垮一些家庭呢？这是因为除了口赋，百姓还需要缴纳算赋。

公元前203年，汉高祖开始针对成年人征收算赋。凡年龄在十五岁至五十六岁的成年男女，每人每年要向国家缴纳一百二十钱的算赋，此为"一算"。关于算赋的税额，在汉王朝的不同时期，数额也不相同。比如在汉文帝时期，轻徭薄赋，在减轻田赋的同时，也将算赋的"一算"改为四十钱；在汉武帝时期，由于国家财政不足，汉武帝又将"一算"改为一百二十钱。

汉代对算赋的征收体现出了很强的政策性，征多征少，对谁来征，都由国家政策决定。比如，汉代商贾每人每年要缴纳"两算"，即二百四十钱，这是受到了重农抑商政策的影响；那些家有奴仆的人，每年还要为每个奴仆缴纳二百四十钱，奴仆越多，要交的税也越多。

此外，为了鼓励生育、促进人口增长，汉代还对晚婚者加征算赋。规定女子年满十五岁至三十岁，若不结婚，分成数等纳算赋，每升一等，加征一算，至三十岁时加至五算，即六百钱。

不只中原地区，一些少数民族地区的家庭也要缴纳口赋和算赋。在汉代，武陵地区的少数民族，儿童每人每年要缴纳布二丈，成人要缴纳布一匹。

综合来看汉代的田赋、口赋和算赋，可以发现，汉代百姓的田赋虽然不重，但口赋和算赋着实不轻。在汉代，如果一个家庭没有土地耕种，那么便不必缴纳田赋，但只要这个家庭有人存在，就必须缴纳相应的口赋、算赋。

在东汉后期，土地兼并现象严重，许多失地百姓自愿卖身给有钱人家为奴为婢，就是为了让有钱人替自己缴纳这些人头税。有钱人家虽然会因此负担更重的人口税，但因为能用手中的奴仆创造更多的经济利益，所以也愿意接受这种交易。

当然，单纯地将百姓卖身为奴的现象归咎于口赋和算赋较重，显然是不合理的。因为相比口赋和算赋，秦汉时期的徭役制度才是压在百姓身上的"大山"。

三、秦汉时期的徭役与更赋

在中国古代，赋税是封建国家对人民进行剥削的主要方式之一。除了这种方式，统治阶级还直接役使人民，强制人民无偿提供各种劳动，也就是古代的徭役。在中国古代，往往将赋税和徭役合称为"赋役"。

秦汉时期的徭役是国家强加在人民身上的重担。大兴土木的秦朝自不必多说，就连以"轻徭薄赋"之策开国的汉朝，在徭役制度上也让百姓叫苦不迭。

秦代徭役之重，毋庸赘言。秦始皇统一全国后，大兴土木，修长城，筑阿房，造皇陵，征用了大批劳动力。史料记载，修长城征发了四十多万人，建阿房宫和骊山皇陵又动用了七十万人，戍边和防御匈奴所征发的百姓也是不计其数。

除此之外，那些为戍边将士运送粮草的劳动力，同样无法从事农业生产。繁重的徭役让百姓苦不堪言，严苛的律法更是让百姓有苦难言。

秦简《徭律》规定："御史发征，乏弗行，赀二甲。失期三日到五日，谇；六日到旬，赀一盾；过旬，赀一甲。"是说被征发服徭役的劳力必须按时服役，到岗时间越晚，受到的惩罚就越重。到了秦朝末年，对于不按时服役的处罚变得更为严重，"失期，法皆斩"的规定也成了陈胜、吴广起义的导火索。

秦汉时期的戍卒

汉朝的徭役比秦朝略轻一些。在服役年龄上，汉朝规定二十三岁到五十六岁的百姓都要主动登记服役，这比秦朝的十七岁就要登记服役确实宽松一些。在具体工作上，汉朝的力役与秦朝差不多，都是做一些修基建、运粮草的工作。

汉朝的兵役主要有正卒、更卒和戍卒等。正卒是正式的兵役，到了服役年龄的男子都要在本郡参加一年的军事训练，充当步兵、骑兵和水兵；更卒是指到了服役年龄的男子每年要在本地郡县服一个月的徭役；戍卒指的是到了服役年龄的男子需要到边境防戍一年，如果到京师去服役一年，则称之为"卫士"。

在兵役之中，正卒和戍卒遇到特殊情况，比如，发生战争时，都可能会延长服役时间。此外，并不是所有到了服役年龄的男子都必须去服役，况且国家有时候也不需要那么多人一同服役。这时候，不愿或不能亲自服役的人，就可以出钱代役，这种代役钱便是"更赋"。

汉朝对更赋的缴纳有明确规定，正卒如果不亲自服役，需要缴纳两千钱，由政府雇人代役；戍卒如果不服役，每人每年要缴纳三百钱。

在汉朝，除了依靠缴纳更赋免除徭役外，还可以通过购买免役权的方法免除徭役。汉文帝时期推出了一项"买复"政策，规定民众只要向国家交纳一定数量的粮食，买到五大夫以上的爵位，就能获得免役权。汉文帝之后的一些汉代帝王也推出过这种政策，以此来增加国家财政收入。

汉武帝时期，军费开支过多，为了补充国家收入，曾推出过多种"买复"政策。民众除了可以通过交纳黄金和钱币来免除徭役，还可以通过交纳一定数量的粮食和奴仆来免除徭役。从短期来看，这种"买复"政策确实能增加国家的财政收入；但从长远来看，终身免役的人越来越多，真正服役的人就会越来越少，兵役制度因此受到影响。

四、秦汉时期的工商杂税

相较于先秦时期，秦汉时期的税源税目增加了许多，除了基础的田赋、口赋和算赋，还有各类工商杂税。

随着社会生产力的进步，秦汉时期的手工业与商业获得了较大发展。这在一定程度上促进了秦汉时期经济的繁荣，同时为秦汉两朝提供了丰富的税源。秦汉时期，工商杂税的种类较前代有所增多，除了基础的关市税、山泽税、盐税、铁税和酒税，还出现了车船税、缗钱税、赀贷税、牲畜税等。

1. 车船税

公元前 129 年，汉武帝"初算商车"。这是对商人和除官吏、三老、北边骑士之外的其他车、船所有者征收的一种税。

《汉书·食货志》有载："非吏比者、三老、北边骑士，轺车一算；商贾人轺车二算。船五丈以上一算。"
即普通百姓每年要为自家车辆缴纳"一算"，也就是
一百二十钱的车船税；商人每年需要缴纳"两算"，也就
是二百四十钱的车船税。如果家中有五丈以上的船，每年
也要缴纳"一算"的车船税。

2. 缗钱税

《汉书·武帝纪》有载：
"（元狩四年）初算缗钱。"除了
车船税，汉武帝还恢复了征收缗
钱税，这种税的征收范围要比车
船税大得多，主要是对商人手中
积存的缗钱和货物进行征税，也
称"算缗"。商人、手工业者、
高利贷者、囤积居奇者都是缗钱
税的征收对象。

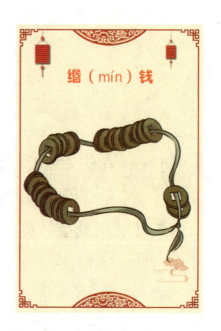

缗（mín）钱

在征收缗钱税时，商人要先
如实上报自己所有的财物库存数额，官府在对其进行查验
后，便会按率征税。汉武帝时期，商人的财产每两千钱要
缴纳一百二十钱的税，手工业者手中的货物每四千钱要缴
纳一百二十钱的税。

汉武帝时期还颁布告缗令，鼓励民众揭发检举偷逃税

款之人。对于那些不如实上报财产或逃避缴纳缗钱税的商人，一经查实，不仅会被没收财产，还要去边塞服徭役一年。揭发检举的民众可以获得偷逃税者被没收财产的一半。此策一出，许多商人、富户纷纷被告，大量的财物、奴婢、土地、屋宅被没收。

3. 赀贷税

这是对放贷者贷出的金钱或粮食所得利息征收的一种税，相当于现代的利息税。秦汉时期虽然重农抑商，但商人在获取财富方面依然比普通百姓更为容易。利用手中的金钱或粮食来获取高额利息，就是秦汉商人的一种惯用做法。

灾荒时节，商人会将手中的钱粮借给穷苦百姓，并以此来收取高额利息。由于要偿还的利息过高，很多借贷者都陷入卖田、卖房、卖儿女的困境之中。眼看这些高利贷者赚得盆满钵满，于是汉王朝的统治者对放贷利息进行了严格限制，出台了一些限制高利贷的法令，对高利贷者收取赀贷税。

在缗钱令发布以后，赀贷税并入缗钱税中，按照高利贷本金的百分之六来征收，一直到汉朝末年才被废止。这种税虽然有限制高利贷者剥削普通百姓的作用，但作用十分有限。

4.牲畜税

牲畜税，顾名思义，是对牲畜所有者征收的一种税。汉武帝征战四方，战马损失很大，所以诏令边境百姓养马，开征"马口钱"。在这之后，汉朝统治者又将牛、羊纳入征收对象。汉成帝时期，马、牛、羊一律按头折价，每千钱要交税二十钱。

除了上述这些工商杂税，汉代的诸侯国还要定期或不定期地向皇帝缴纳"贡献"和"酎金"。所谓"贡献"，就是上缴一些土特产品，"酎金"则是参加助祭时要缴纳的金钱。这些加在诸侯身上的赋税，最终还是会被转嫁到普通百姓身上，这相当于在原本就不堪重负的百姓身上又增添了一重负担。

五、汉代的专卖制度

秦汉时期也针对一些商品制定了专卖制度，除了盐与铁，汉代还将酒纳入专卖制度，虽然实行效果不太乐观，但也借此获得了一些财政收入。

盐与铁都是人们的生活必需品。在西汉初期，为了恢复民力，汉朝统治者曾放任民间采盐铸铁，只象征性地征收很少的税。这种政策确实起到了一定的效果，但其中的利益大多还是落入了富商权贵的腰包。汉武帝执政后，决定将盐、铁改为专卖，并且将酒也纳入专卖制度。

汉武帝搞盐、铁、酒专卖，有打击富商权贵的目的，但更多还是为了增加财政收入，以解决常年对外征战造成的财政困难。御史大夫桑弘羊认为，相比那些人头税和工商杂税，盐、铁、酒专卖不需要向百姓额外征税，因此也不会让百姓感受到税赋压力，是一种"有益于国，无害于人"的增加财政收入的方法。他的这种观点有一定道理，但其合理性更多表现在理论层面，在实际操作中还是可能会出现各种不同的问题。

汉代实行盐专卖，由官府提供煮盐工具，并招募百姓煮盐，参与煮盐的百姓需要自筹费用，等到盐生产出来后，再将盐卖给官府，由官府统一出售。为了更好地实行盐专卖，汉朝统治者在全国各个地区都设置了盐官。这些盐官通常都是由那些经验丰富的盐商担任，主要负责管理食盐的运输和销售，管控食盐的价格。

在铁专卖方面，汉朝统治者在全国各产铁区域设置了铁官，在不产铁区域设置了小铁官。与盐官一样，这些铁官也都由经验丰富的冶铁商来担任，负责管控铁的生产、铁器的制造和销售。一旦发现有百姓私自铸铁，铁官就可以没收其生产工具，并对其进行相应的处罚。

公元前98年，桑弘羊向汉武帝建议"建酒榷，以赡边，给战士，拯救民于难也"。这之后，汉朝便开始实行酒类专卖制度，即"榷酒酤"。所谓"榷酒酤"，就是由官府来管控酒的生产、流通、买卖，不许私人自由酿酒。

经过了文景之治，汉王朝的经济发展水平和人民生活水平得到显著提高，酒也成为百姓生活中的必需品。正所谓"百礼之会，非酒不行"，没有哪个娱乐场合能少得了酒。在这种背景下，汉王朝借酒专卖制度增加了不少财政收入。

汉王朝所实行的盐、铁、酒专卖制度是依据国情而制定的。尤其是汉武帝时期，政府为了补充军费收入，必须广开财源。这些专卖制度确实在很大程度上解决了汉朝的财政困难问题，但同时引发了不少社会问题。百姓高价买到的却是劣质的盐、铁、酒，一时间民怨沸腾。

公元前 81 年，霍光以汉昭帝的名义组织了一场政策的辩论会，主要辩论的是汉武帝时期的各项政策，尤其是针对盐、铁、酒的专卖制度。参与辩论的有丞相田千秋、御史大夫桑弘羊和六十余名"贤良文学"。

桑弘羊作为盐、铁、酒专卖政策的制定者，坚定维护专卖制度，坚决捍卫汉武帝的内外政策，并详细阐述了其对抑制富商、增加财政收入的作用；"贤良文学"们则全盘否定了盐、铁、酒专卖制度，并攻击汉武帝时期的内外政策。他们认为这种专卖制度是与民争利，并导致民风败坏，实为民生疾苦之根源。

辩论双方所站立场不同，得出的结论自然不会相同。最终在霍光的干预下，这场著名的"盐铁会议"以桑弘羊的失败而告终。会议结束后，酒专卖制度被取消。

在汉代，盐、铁、酒专卖制度的实行其实并不顺利。说到底，这种政策虽然可以增加财政收入，但其与民争利的本质特征是无法改变的。如果长期过度使用这一政策，必然会有损民力，引发各类社会问题。

六、秦汉赋税法令与管理机构

秦汉时期的国家财政收入，主要依靠征税来实现。为了更为有效地征收各类赋税，秦汉两朝不仅制定了一系列赋税法令，而且设置了专门的机构来负责赋税的征收。

随着封建社会的发展，秦汉两朝都制定了相对完善的法律制度，以满足封建王朝的统治需要。作为国家赋税征收的准则和依据，赋税征收相关法令成为秦汉法律制度中的重要内容。

《秦律》是秦朝的成文法律，始创于秦孝公时期，秦始皇统一六国后对其进行了修订，并在全国颁行。《秦律》中的《田律》《厩苑律》《金布律》《关市律》《仓律》《工律》《徭律》《戍律》都是与赋税征收相关的法令制度。

《田律》《仓律》是关于田租征收的法令，《徭律》《戍律》是关于徭役征伐的法令，《厩苑律》《关市律》是关于各类工商杂税的法令……这些法令制度对秦朝的赋税征收做出了规定，同时为后世封建王朝的赋税制度奠定了基础。

汉朝统治者总结了秦朝的兴亡得失，扬弃地继承了秦朝的各项赋税制度。《汉律九章》中包含了大多数汉朝的赋税法律，比如，《户律》中规定了户籍、赋税等方面的内容，《兴律》中规定了徭役征发、城防戍卫方面的内容。

秦汉两朝的赋税法律最直接的作用是保障了国家的财政收入，维护了封建王朝统治的稳定；而从更深层次来看，这些法律对于维护封建地主阶级的利益、维护封建等级制度也具有重要意义，为后世封建王朝制定赋税制度提供了模板。

秦朝律法

除了赋税法律，秦汉两朝还设置了专门的财税管理机构，选配了适当的官员负责对各类赋税进行征收。

秦朝负责管理国家财政的官职是治粟内史。治粟内史属于九卿之一，统管田租、算赋、更赋等赋税的征收，盐、铁的专营专卖，国家官吏的俸禄及军费等财政开支。

负责征收山海池泽之税和收藏地方贡献，管理皇帝私财和生活事务的官职是少府，也属于九卿之一。此外，少府还需要为宫廷内的所有衣食起居及游猎需要提供服务。

汉承秦制，国家财政依然由治粟内史负责。景帝时改治粟内史为"大农令"，武帝时又改"大农令"为"大司农"。此后这一官职几经更名，在东汉时复称"大司农"。在"大司农"之下，还有许多职事官分管收入、储存、调度等工作。少府在职能上也与秦朝一样，主要负责管理山海池泽之税及皇室私财。

汉代在设置赋税管理机构时多遵循"随事置吏"的原则，在各郡县设置相关官吏。比如，某个郡县产盐，便在那里设置盐官，管理食盐的生产和买卖；某个郡县手工业比较发达，就在那里设置工官，进行管理和征税；某个郡县有水塘可获渔利较多，就在那里设置水官，主管渔税。

除了制定税收法律、设置管理机构，秦汉时期还加强了赋税征收的会计工作。各地衙署在征收完钱、粮等税之后，要登记入簿。上级官府要随时核查账簿，发现不实情况，要由下级官吏自行补充。《汉书·宣帝纪》中有载："御史察计簿，疑非实者，按之，使真伪毋相乱。"当账簿呈送到中央政府后，御史还会承担审计工作，审查各类经济账目是否真实。

一个国家赋税征收工作的好坏，与赋税法令和赋税征收管理机构有着密切关系。及时、有效的会计审核也能在一定程度上减少征税过程中的贪腐问题。但说到底，无论是法令，还是机构，都是封建统治阶级用来剥削平民的工具，最终维护的也都是封建统治阶级的利益。许多社会问题的产生，正是这些赋税法令和严苛的赋税征收管理造成的。

第三章

魏晋南北朝时期的赋税制度

一、魏晋南北朝时期赋税制度综述

在魏晋南北朝这一大分裂时期，赋税制度呈现出一些不同于前代的特征。魏晋南北朝的赋税制度比较灵活，管理上不像前代那样系统、规范。

经过东汉末年的社会动乱后，整个黄河流域一片荒芜，百姓无粮可食，统治者也无兵可征。安定流民、恢复生产成为当时最为重要之事。为此，曹魏统治者开始在北方推行屯田制，鼓励流民开荒种地。这种做法在当时取得了明显的成效，有效恢复了农业生产。除了屯田制，曹魏统治者还对两汉以来的赋税制度进行了改革，比如，顺应社会经济的发展推出的户调制。

到了西晋，屯田制已不再适应社会发展的需要，占田制成为当时的主要土地、赋税制度，直到北魏时期才被均田制取代。北魏对赋税制度的变革不仅表现在田制方面，将户调制变革为更加完善的租调制，也是北魏时期的创举。

　　租调制虽然也有一定的弊端，但其将流民限制在土地上，促进了小农经济的发展，更增加了国家的财政收入，对于稳定北魏王朝的统治意义重大。即使到了隋唐时期，这种租调制也发挥着重要作用。

　　除了基本的田赋和户税，魏晋南北朝时期也有名目繁多的工商杂税。从普通百姓的角度来说，这些工商杂税的存在无疑是一种沉重的负担。但对于统治阶层来说，这些工商杂税却是国家财政收入不可或缺的一部分。除了这些，统治阶级还通过对盐、铁、酒等生产生活必需品的专卖，来进一步增加财政收入。由于这一时期社会动荡、政权更替频繁，各个政权的专卖政策也有较大差别。

　　魏晋南北朝赋税征收具有一些典型特征，这些特征主要表现在以下三方面。

　　首先，田租和户调组成的租调制成为这一时期国家赋税收入的主要来源。这一制度的出现在一定程度上减轻了农民的负担，调动了农民的生产积极性，同时为国家提供了较多的财政收入。

其次，在田租与户调之外，这一时期还出现了名目繁多的工商杂税。这些工商杂税涉及百姓生活的方方面面，虽然对于增加国家财政收入有帮助，但却给百姓带来了较重的税负压力。

最后，由于政权更替频繁，这一时期的赋税制度也不稳定，战乱频发也给赋税管理带来较多困难。

在这种背景的影响下，魏晋南北朝时期的赋税管理呈现出区域性、临时性、松散不规范等特征。系统性不足、规范性不够的特征，在赋税管理机构设置方面表现得尤为明显。

魏晋时期，度支尚书负责掌管国家财政收入与支出，司盐校尉、典农校尉等主管盐业及屯田事务，少府负责收纳银钱，司农负责收纳谷物。

南北朝时期，度支尚书领度支、金部、仓部、起部四曹。其中，北齐在度支尚书之下，设度支、仓部、金部、库部、左户、右户等六曹，左户曹负责掌管计账（官府为征发赋役与掌握财政收支而制作的一种核算簿账）和户籍，右户曹负责公私田宅和租调事务。

虽然魏晋南北朝时期的政权更替频繁，但这一时期也出现了一些重要的赋税制度，为后世的赋税征收提供了很好的借鉴。

二、从屯田制到均田制

魏晋南北朝时期，社会动荡不安。为了更好地对土地进行管理，各政权推出了一系列土地分配法令，严重影响了土地所有制形式。

公元196年，为了解决军粮问题，曹操在河南许昌推行屯田制。这是一种为取得军队给养而利用士兵和无地农民垦荒种地的制度，始于汉武帝时的屯田，在曹魏时期成为国家钱粮收入的重要来源。

在屯田制之下，国家强制招募农民或士兵耕种国有土地，并征收一定的田租。最初，曹操打算采用"计牛输谷"的方法，即按照屯田时使用的耕牛数量来计算田租，每头耕牛征收固定数额的田租。但在枣祗的极力主张下，曹操又改用"分田之术"（分成制）来征收田租。

《晋书·慕容皝载记》中提到："且魏晋虽道消之世，犹削百姓不至于七八，持官牛田者，官得六分，百姓得四分；私牛而官田者，与官中分。百姓安之，人皆悦乐。"
这是说以官方的牛屯田的百姓需要缴纳收成的百分之六十
作为田租，以自己的牛屯田的百
姓则只需缴纳百分之五十的田
租。虽然这种分法对于屯田百姓
来说并不公平，但在乱世之中能
有田地耕种，对于百姓来说已经
相当不错了。

屯田制为曹魏政权解决了军
粮问题，其"兵农合一"的方
式，为后世封建统治者所仿效学
习。与此同时，屯田制也使得
大量国有土地流入世家贵族手中，私有土地所有制逐渐取
代国有土地所有制。最终，屯田制与曹魏政权一同走向了
崩溃。

公元 280 年，西晋政府统一全国，颁布占田、课田
令，规定：男子一人占田七十亩，女子三十亩。其外丁男
（男女 16 ~ 60 岁为丁）课田五十亩，丁女二十亩，次丁男
（男女 13 ~ 15 岁、60 ~ 65 岁为次丁）半之（二十五亩），
次丁女不课田。

除了对普通百姓的占田、课田做出要求，西晋政府还

对士族地主占田和荫庇亲属、佃客，衣食客的特权做出了规定。比如，一品官可以占田五十顷，一品之下每品递减五顷，九品官可占田十顷；一品官、二品官还可以荫佃客十五户，荫衣食客三人。这些被荫庇者可以免除赋役。

占田制鼓励普通百姓去占田垦荒，有利于调动百姓的劳动积极性。但从根本上来看，其在保证西晋政府财政收入的同时，还从法令角度确认了官僚士族占有大量田地的合法性，保护了官僚士族的特权，也为日后严重的土地兼并现象埋下了隐患。

公元439年，经历了长期战乱后，北魏政权统一北方。但此时的北方人口凋敝、田地荒芜，北魏政府根本无法获得持续、稳定的赋税收入。为保证国家赋税来源，北魏政府只得将无主土地分给农民耕种，并借此收取一定的租税，并要求农民承担一定的徭役。这种按人口来分配土地的制度便是均田制。

公元485年，北魏孝文帝颁布均田令，规定：凡十五岁以上的男子，每人可获四十亩露田（无主荒地），以种植谷物；女子每人可获二十亩露田。那些有奴婢和耕牛的人，可以额外获得土地。奴婢与普通农民一样授田，牛每头可获三十亩露田，土地归主人。

北魏的均田制中还有其他规定，如初授田者可得桑田、没分到田的农民可以迁移受田等规定。可以看出，北魏统治者希望在实施均田制后，每个农民都能有田可种。这样不仅能减少社会不安定因素，也能解决大量土地荒芜问题，最主要的是能够让政府有税可收。

　　事实证明，均田制确实对于农业生产的恢复和发展起到了重要作用。北魏也依靠这一制度增加了国家的财政收入，以至于隋唐时期的统治者依然在沿用这一制度。

三、北魏的租调制改革

北魏颁布均田制，是为了恢复农业生产，增加赋税收入。在均田制颁布以后，北魏统治者又不断改良原有的赋税制度，推出了新的租调制。

在北魏孝文帝推行新的租调制之前，租调制便是魏晋时期主要的赋税制度。公元 204 年，曹操正式颁布租调制，规定：百姓耕种的每亩田地都要向国家缴纳四升粟；每户还要缴纳户调绢二匹、绵二斤。曹魏时期的户调制取代了秦汉时期的口赋、算赋，与田租一起构成了当时的国家赋税制度——田租户调制，也就是早期的租调制。

公元 280 年，西晋颁行占田制，进一步发展了曹魏时期的租调制。除田租之外，西晋政府规定"丁男之户，岁输绢三匹，绵三斤，女及次丁男为户者半输。其诸边郡或三分之二，远者三分之一"。在具体的户调征收上，西晋实行九品相通制，即官府将应缴租调的百姓按照贫富程度分成九个等级，而后再按照每户的不同等级来征收不同的户调。这种按户征税的方法，对于恢复生产、鼓励生育和限制士族豪强的扩张具有一定的积极意义，但并没有办法从根本上打击并限制士族门阀力量的发展。

东晋延续了西晋的户调制度，在户调征收数量方面与西晋基本相同，但在征收范围上要比西晋时更宽泛一些。在东晋灭亡之后，宋、齐、梁、陈四朝虽然存在时间不长，但也推出了较为完整的田租户调制度。宋、齐两朝基本延续了东晋的田租户调制度；梁、陈两朝开始按丁征收田租和户调，这与北魏孝文帝所推行的新租调制是基本相同的。

公元 485 年，北魏在均田制的基础上，对原有的租调制进行改革，规定：一夫一妇每年要缴纳帛一匹、粟二石；十五岁以上的未婚男子，四名要缴纳一夫一妇的租调；八名从事耕织的奴婢、二十头耕牛也要缴纳一夫一妇的租调；出产麻布的地区可以使用布替代帛来缴税。

可以看出，孝文帝所推行的租调制不再按户收税，而是改按丁口征税，这与均田制的按丁口授田是一致的。此外，这种按丁口征税的方法在抑制士族豪强扩张方面明显要比户调制更有效果。相比于继续为士族地主耕地，大多数百姓更希望自立户籍受田缴税。

在北魏之后，东魏、西魏、北齐、北周等政权也都实行了这种租调制度。北齐在沿袭北魏租调制的同时，对租调数量做出了一些调整，比如，以一夫一妇为一床，调绢一匹，绵八两；奴婢租调为一般百姓的一半；丁男无妻者，输半床租调。北周在延续北齐旧制的同时，也对租调数量进行了少许调整。到了隋朝时也是一样，整体税制没变，主要是在租调数量上做出了新的规定。

总体来说，北魏租调制的推行将流民限制在土地上，减少了人员流动，促进了小农经济的发展，在一定程度上减轻了百姓的税负压力，增加了国家的财政收入。

四、魏晋南北朝时期的工商杂税

除了田租和户调，魏晋南北朝时期还有名目繁多的工商杂税。在那个动荡不安的年代，这些工商杂税多用于军事征伐及贵族享乐，是压在普通百姓身上的沉重负担。

魏晋南北朝时期混战不断，政权林立，在赋税征收方面，也呈现出诸多不同特点。这一时期的工商杂税名目繁多，主要的有关市税、估税、通行税、赀税、矿税等。

1. 关市税

东汉末年各地战乱频发，关税混乱，税额较高。曹魏政权建立后，魏文帝曹丕下令减轻关税，改以物品价格计征，十分取一。此后一段时间，关税时征时废，到东晋时又得以恢复，税率依然为十分取一。东晋之后的宋、齐两朝，不仅加重了关税，而且在国内随处设关，反复征税。

这种状况到梁、陈两朝时有所改善，关税降低了许多。相比南方，北方的关税在大多数时间都比较轻，有些时期甚至还不征关税。

魏晋南北朝对于市税的征收，要比商税更为频繁。曹魏时期，凡行商入市贩卖货物、坐商在市内开设店铺都要征收市税。在南北朝时期，由于北朝的商业发展远逊于南方，因此北朝市税时征时免，较之南朝为轻，也较有定制。

公元 526 年，北魏孝明帝为平定叛乱开征市税，规定无论商家，还是买家，每人都要缴纳一钱入市税，根据坐商店铺情况，划分为五个等级缴税。

2. 估税

东晋时期，南方经济快速发展，农业与手工业较为发达，商品交换活动也日益频繁。在这一背景下，东晋政府开征估税，估税是对市场上买卖物品的交易行为所征收的一种税。《隋书·食货志》有载："晋自过江，凡货卖奴婢马牛田宅，有文券，率钱一万，输估四百入官，卖者

三百，买者一百。无文券者，随物所堪，亦百分收四，名为散估。历宋、齐、梁、陈，如此以为常。"

对那些商品交易数额较大，并且订立了契券的买卖双方所征之税为"估税"，每万钱缴税四百文，卖者出三百，买者出一百；对那些商品交易数额较小，未订立契券的买卖双方所征之税则为"散估"，每百钱抽四，税额都由卖者缴纳。

3. 通行税

魏晋南北朝时期的通行税包括桁税和埭税，是在航路交通要道征收的税。

桁税又称"四桁税"，东晋时曾在秦淮河上架设了许多浮桥，其中在朱雀桁、丹阳桁、竹格渚桁和骠骑桁四座浮桥上征收通行费，来往百姓需要缴纳浮桥的使用费。

埭税又称"牛埭税"，是对过往船只征收的税。东晋时期，会稽郡在各堤坝上放置了许多牛，用来牵引船只过坝，以防止船只侧翻，使用牛力的百姓需要缴纳相应的费用。最初这种费用的征收是使用牛力者缴费，但后来便发展成了无论是否用牛，只要过坝就要缴费。

4. 赀税

赀税是按财产征收的一种税。自晋以后，官府对百姓的财产进行核定、登记，并编制赀簿进行征税。这种财产税与汉武帝时期征收的算缗基本相同。公元 450 年，南朝宋文帝因国用军需，曾要求扬州、南徐州、兖州、江州的富有之民，献纳资财。

5. 矿税

矿税即"矿冶税"，是对民间的开矿者和冶炼者征收的一种税。虽然魏晋时期将各类矿石的开采与冶炼权收归官府，但连年战乱带来的政权统治不稳为士族豪强占山开矿提供了重要条件。南朝宋时期，民间采银活动活跃，虽然私采银矿困难很多，但依然有许多人参与其中；北魏的银矿开采与冶铸最初也是由百姓私营，官府只收纳矿税，南北朝后期，各政权多将采矿权收归官府，由官府来垄断经营。

除了上述这些工商杂税，魏晋时期还出现过其他杂税，比如，曹魏的牛肉税、西晋的春税、东晋的鱼税等。这些工商杂税在一定程度上增加了国家的财政收入，但也给普通百姓增添了沉重的负担。

五、魏晋南北朝时期的专卖制度

魏晋南北朝时期，各政权在实行专卖制度方面差异很大，不同政权对盐、铁、酒等生活必需品的管控方式也各有不同。

魏晋南北朝初期，基本延续了秦汉时期的盐、铁、酒专卖政策，但因为当时社会分裂，各政权出于自身统治需要，对于专卖政策的态度各不相同。比如，三国时期，魏、蜀、吴政权对于盐和铁都实行专卖，但对于酒，只有魏和吴实行了专卖，蜀国则实行酒禁，并不实行专卖。到两晋南北朝时期，各政权所实行的专卖政策不相同，下面主要介绍各政权的盐、铁、酒专卖政策。

1. 盐专卖和盐税

盐业作为国家财政收入的重要来源，历来为各政权统治者所重视。经历了东汉末年的战乱纷争后，魏、蜀、吴三国统治者为了恢复生产、增加财政收入，纷纷对盐采取官营专卖制度，对盐业实行了高度垄断。西晋延续了曹魏的盐专卖制度，设司盐都尉主持食盐专卖，并严格限制百姓私自煮盐。

在南方地区，东晋、南朝各政权并没有采用盐专卖制度，而是允许民间煮盐，政府主要征收盐税。由于江南地区有许多重要盐场，制盐业相对发达，因此即使没有采用盐专卖制度，各政权通过盐税也能获得不少财政收入。

在北方地区，北魏曾实行过一段时间盐专卖制度，但后续又遭废除。在放开民间煮盐后，士族豪强垄断盐业，北魏只得恢复专卖制度，此后几次反复，始终未成定制。北齐和北周盐业主要由官府专营，禁止民间私自煮盐。北齐在武平六年（575）废除盐专卖制度，改征盐税。

2. 铁专卖

魏晋南北朝时期，对于铁矿、铜矿的开采和冶炼多实行官营专卖制度，禁止民间私自采矿。《魏略》有载："河北始开冶，遂以王修为司金中郎将。"这司金中郎将就是曹魏政权中负责冶铁和铁器营销管理的官职。

禁止私自采矿

蜀汉虽也有司金中郎将，但其并不负责冶铁管理，而是
"典作农战之器"。蜀汉的冶铁生产由盐府校尉管理，东吴
对冶铁的管理由产铁之地的冶令、冶丞负责。

两晋时期也基本延续了铁专营制度。《宋书·百官志》
有载："汉有铁官，晋署令，掌工徒鼓铸，隶卫尉。江左以
来，省卫尉，度隶少府。"西晋朝廷由卫尉来管理冶铁生
产，东晋由少府统管冶铁生产。东晋以后，由于士族豪强
占据山林川泽，与官府争利，铁专卖制度受到较大影响。
南朝宋开始允许民众私营冶铁业，开采金银矿藏，但需要
缴纳一定的矿冶税。

北魏同样对冶铁生产实行官营专卖制度，但在当时也
存在一些私营冶铁生产。到了东魏时期，私营冶铁业发展
更为迅速，出现了"诸州豪右，在山鼓铸，奸党多依之"
的景象。

3. 酒专卖与酒禁

三国时期，曹魏虽在初期和蜀汉一样实行过酒禁，但
在后期，为了增加财政收入，还是和东吴一样搞起了酒专
卖制度。两晋时期，士族豪强势大，朝廷只得向士族豪强
妥协，以征税方法替代专卖制度。南北朝时期，大多数时
间都对酒征税，允许百姓酿酒、卖酒，只有个别统治者实
行过酒专卖制度。

　　总体来说，魏晋南北朝时期的专卖制度推行得并不顺畅。这与当时的社会大背景有关，政权分裂割据，缺少强制力去推行专卖制度，只能向士族豪强妥协，以征税的方法榨取一些利益。

第四章

隋唐五代时期的赋税制度

一、隋唐时期的均田制

　　隋朝、唐朝建立初期，土地荒芜，人口流散，社会秩序并不安稳。一面是荒芜的土地，一面是四散的流民，如何将二者联结在一起，成为摆在隋唐统治者面前的头等大事。

　　为了恢复和发展农业生产，杨坚代周称帝后，继续沿用前朝的土地制度，颁布了新的均田令。《隋书·食货志》有载："自诸王已下，至于都督，皆给永业田，各有差。多者至一百顷，少者至四十亩。其丁男、中男永业露田，皆遵后齐之制……京官又给职分田。一品者给田五顷。每品以五十亩为差，至五品，则为田三顷，六品二顷五十亩。其下每品以五十亩为差，至九品为一顷。外官亦各有职分田，又给公廨田，以供公用。"

　　其中，露田和永业田都是普通百姓可以获得的土地。露田在耕种一段时间后需要归还政府，而永业田则不需要归还。通常来说，一个成年男子可以获得八十亩露田、二十亩永业田，家中有奴婢或耕牛的则可以多获得一些田地。

隋朝时期，相比普通百姓，地主和官吏会获得更多的田地。除依靠奴婢和耕牛获得的田地之外，京官可以获得职分田，外官可以获得公廨田。这种大面积、大范围授田的方法可以将大量荒地分配出去，把流民限制在土地上，促进农业生产的恢复和发展。但由于被分配的土地多是荒地，官僚地主手中的私有土地不仅没有减少，反而增加了许多。这在一定程度上助长了地主阶级兼并农民土地的热情。

唐灭隋之后，也面临着恢复农业生产的问题。为此，唐初统治者也颁布了新的均田令。《新唐书·食货志》有载："度田以步，其阔一步，其长二百四十步为亩，百亩为顷。凡民始生为黄，四岁为小，十六为中，二十一为丁，六十为老。授田之制，丁及男年十八以上者，人一顷，其八十亩为口分，二十亩为永业；老及笃疾、废疾者，人四十亩，寡妻妾三十亩，当户

者增二十亩，皆以二十亩为永业，其余为口分。"

可以看出，唐初均田令中规定了土地丈量的方法，即以步为单位，宽一步、长二百四十步为一亩。此外，均田令还规定了中男、丁男的法定年龄，这对于后续征收人头税也具有重要意义。

除此之外，唐代均田令还规定："田多可以足其人者为宽乡，少者为狭乡。狭乡授田，减宽乡之半。其地有薄厚，岁一易者，倍受之。宽乡三易者，不倍授。工商者，宽乡减半，狭乡不给。"这种在狭乡和宽乡间的差异化授田，让普通百姓更容易获得田地，可以防止地主阶级过度占有土地。

相比前代，唐代对授田数量的最高限额做出了明确规定，同时取消了给奴婢和耕牛授田的规定。这种做法有利于限制地主阶级的土地兼并，但在具体执行时，土地买卖情况依然十分常见，土地兼并势头也在唐代进一步加剧。

传承于前代的均田制在隋及唐初对恢复农业生产、维护政权稳定起到了积极的作用，但随着土地兼并形势愈演愈烈，均田制便失去了其发挥作用的土壤。唐朝统治者必须找到一种新的土地制度，才能继续从土地租税中获取收益。

在确立了均田制为基本的土地制度之后，隋及唐初的赋税制度也多在均田制的基础上推行。但是，不同于隋朝直接继承北周的租调制，唐朝创制了新的赋税制度，即"租庸调制"。

《隋书·食货志》有载："丁男一床，租粟三石，桑土调以绢绝。麻土以布绢，绝以匹，加绵三两，布以端，加麻三斤。单丁及仆隶各半之，未受地者皆不课。有品爵及孝子顺孙义夫节妇，并免课役。"

从这段论述中可以看出，隋朝所实行的依然是租调制。上面所说的"床"是一种赋税计算单位，也称"丁床"。按照北齐的规定一夫一妇为一床，隋朝沿用了北齐的做法，规定百姓按照丁床缴纳租调。其中，没获得土地的百姓可以不缴纳租调，有品爵的官吏免缴租调。

隋朝的租调徭役较轻，文帝时期更是多次推行减免租调的政策。公元583年，文帝"初令军人以二十一成丁。减十二番每岁为二十日役，减调绢一匹为二丈"。公元590年，文帝又规定百姓年五十以上"输庸停防"，即可以用布帛来代替力役。

租调徭役的减轻对于隋朝农业发展具有积极的促进作用。从隋朝能够建立那么多的粮仓储粮便可以看出其农业的发展程度。缴庸代役的规定，也有利于减轻农民负担，同时为唐代租庸调制的产生提供了一些借鉴。

布帛代替力役

唐代的租庸调制建立于均田制基础之上，同时借鉴了前代的赋税征收制度。《新唐书·食货志》有载："凡授田者，丁岁输粟二斛，稻三斛，谓之租。丁随乡所出，岁输绢二匹，绫、绝二丈，布加五之一，绵三两，麻三斤，非蚕乡则输银十四两，谓之调。用人之力，岁二十日，闰加二日，不役者日为绢三尺，谓之庸。有事而加役二十五日者免调，三十日者租、调皆免。通正役不过五十日。"这便是唐代的租庸调制。

唐代政治家陆贽在评价这一制度时曾说："有田则有

租，有家则有调，有身则有庸。"普通百姓只要拥有土地，就要缴纳田租；只要成家立户，就要缴纳户调；只要身体健康，就要服力役或缴庸代役。

可以看出，唐代的租庸调制是一种按人丁纳税和服徭役的赋税制度，配合均田制一同实行，可以让那些无地或少地的农民获得土地，进而保障国家的财政收入。自唐高祖李渊开始，一直到唐玄宗李隆基，唐代一直实行租庸调制，其对唐代社会经济的恢复和发展起到了重要作用。但到了唐玄宗后期，尤其是"安史之乱"后，租庸调制便不再适合当时唐代的社会现状，逐渐变为一种无用之制。

均田制被破坏是租庸调制逐渐被废弃的一个主要原因。随着唐代人口的增加，政府已经没有足够的土地分配给百姓。耕种着不足额的土地，缴纳着定额的田租，百姓负担不断加重，其生产积极性自然会大打折扣，入不敷出的农民索性弃地而逃，不再缴税。如此一来，均田制也就慢慢变得名存实亡了，租庸调制也很难再为政府提供充足的财政收入。

除了均田制被破坏，唐代中后期不规范的户籍制度及租庸调制本身的设计漏洞，也让这一赋税制度无法再继续实行。

总体来看，隋唐两代所实行的赋税征收制度，都在一定程度上调动了农民的生产积极性，促进了农业生产的发展，对于恢复社会经济、维护政权稳定起到了重要作用。但随着社会经济形势的变化，这些赋税征收制度也开始变得不再符合时宜，并且影响到了政权的稳定。若不及时调整，很有可能会引发更为严重的祸乱，甚至是灭国之灾。从这里也可以看出赋税制度对于国家政权稳定的重要作用。

三、唐代的户税与地税

在唐代前中期，除了租庸调，政府还会向百姓征收户税和地税。从唐玄宗后期开始，户税和地税甚至取代租庸调，成为唐王朝主要的财政收入来源。

《通典·食货六》记载："（唐高祖武德）六年三月，令天下户量其资产，定为三等。至九年三月，诏天下户立三等，未尽升降，宜为九等。"唐代的户税缴纳以户等为依据，户等高的人会多缴户税，户等低的人可以少缴户税。

唐代的户税不同于租庸调，它属于一种资产税，对全体百姓征收。在唐代中期以前，户税征收较少，主要用作各级官吏的俸料钱。《唐会要·卷九十一·内外官料钱上》有载："（开元）十年正月二十一日，令有司收天下公廨钱，其官人料，以万户税钱充，每月准旧分利数给。"

随着均田制遭到破坏，租庸调制无法继续发挥作用。为了确保国家财政收入的稳定，唐朝统治者开始重视户税的征收，不仅提高了户税税率，而且要求王公贵族按官职缴纳户税。这种变化让户税在国家财政收入中的比重不断增加。《通典·食货六》记载："按天宝中天下计帐，户约有八百九十余万，其税钱约得二百余万贯。"

唐朝的地税来源于隋朝的社仓税。《通典·食货六》有载："贞观二年四月，户部尚书韩仲良奏：'王公以下垦田，亩纳二升，其粟麦粳稻之属，各依土地，贮之州县，以备凶年。'"由此可见，唐太宗贞观年间，地税按田亩征收，每亩要缴纳二升粮食，主要目的是为灾荒之年储备粮食。

公元651年，唐高宗改地税为按户等征收。《旧唐书》有载："义仓据地收税，实是劳烦。宜令率户出粟，上上户五石，余各有差。"

公元737年，唐玄宗对地税征收做出明确规定："王公以下，每年户别据所种田亩，别税粟二升，以为义仓；其商贾户若无田，及不足者，上上户税五石，上中以下递减，各有差。"

唐朝初期征收地税，主要是充实义仓、储存粟米，以应对灾荒年景。但随着均田制被破坏，租庸调制渐渐失去作用，地税也变得和户税一样重要，成为国家财政的重要来源。唐玄宗时期，依靠地税所征收的粟米就已经与租庸调所征收的粟米数量相当。此后一段时间，地税更是承担起了充实国库的重担。

自唐代中期，唐王朝统治者出台了许多新政策加强对地税的征收。比如，《新唐书·食货志一》有载："天下苗一亩税钱十五，市轻货给百官手力课。以国用急，不及秋，方苗青即征之，号'青苗钱'。又有'地头钱'，每亩二十，通名为青苗钱。"这种"青苗钱"就属于一种地税附加税，其目的是增加地税收入，以弥补国家财政收入的不足。

除此之外，唐代中期以后通过地税征收来的粟米，大多不再通过义仓储存，而是直接运送到长安，以充国用。原本储备起来供百姓度过凶年的粮食，直接成了供王公贵族吃喝享乐的资财，缴纳地税的百姓得不到任何实惠。

在租庸调制逐渐走向崩溃，无法继续发挥作用之时，唐朝统治者通过加强对户税和地税的征收，稳住了社会经

济发展的大局，同时为两税法的实行创造了有利条件。唐
德宗时期所推行的两税法，正是在唐代中期的户税和地税
征收的基础上制定的。

四、两税法的实行

随着均田制和租庸调制的崩坏，大唐王朝急需一种新的赋税制度来确保赋税收入和社会局势的稳定。公元780年，宰相杨炎提出的"两税法"为唐王朝拓宽了征税的广度，并为后世的两税法奠定了基础。

经历了前期和中期的盛世繁华之后，大唐江山到了唐德宗李适手中时，已经变得千疮百孔。土地兼并严重，人口四散流亡，户籍混乱，吏治腐败，财政收入不足……面对摆在眼前的诸多问题，唐德宗不得不采用宰相杨炎提出的两税法，来挽救大唐危局。

杨炎所提的两税法是在唐朝原有的地税、户税的基础上，统一各项赋税制定的一种新税法，是对当时唐朝赋税制度的一次大变革。所谓两税，即一年征两次税，分别为六月完纳的夏税和十一月完纳的秋税。

《新唐书·杨炎传》记载："凡百役之费，一钱之敛，先度其数而赋于人，量出制入。户无主客，以见居为簿；人无丁中，以贫富为差……居人之税，秋夏两入之，俗有不便者三之。其租、庸、杂徭悉省，而丁额不废。其田亩之税，率以大历十四年垦田之数为准，而均收之。"

在这段记述中，"量出制入"是两税法征收的重要原则，即国家先对财政支出做好预算，在此基础上确定国家财政收入的总额，然后将总税额分配到全国各地，向所有百姓征税。这种做法能够在一定程度上限制胡乱征税、过度征税情况的发生，对于减轻百姓负担具有积极意义。

相较于租庸调制，两税法用"户无主客，以见居为簿；人无丁中，以贫富为差"的方法，重新对百姓户籍登记和课税标准做出规定，即所有百姓都要在居住地入籍，并在居住地按照土地和财产的多少纳税。这种方法可以有效解决户籍散失的问题，同时确立了按财富多少课征赋税的原则，对后世赋税制度的创制产生很大影响。

除此之外，两税法依户等

纳钱，按田亩交粟的规定，也带动了古代纳税物品从实物向货币的转变。虽然这一规定在执行过程中并未能完全落实，但也算得上是我国赋税史中的一项重要变化。

两税法依贫富分等征税是有利于普通百姓的，可以减轻贫苦百姓的赋税负担。但对于拥有大量土地和财富的地主官僚来说，这无疑是一项"苛政"，想要从这些"吸血鬼"身上剜肉，必然会遭到他们的疯狂抵制。

由于是皇帝推行的政策，地主官僚自然不敢轻易推翻，但他们可以在两税之外巧立名目，以其他杂税来搜刮民脂民膏。这种上有政策、下有对策的结果就是国家财政收入有了保障，地主官僚的腰包也变得鼓鼓囊囊，只有普通百姓陷入了悲惨境地。随着时间的推移，单纯的两税法已经被各种苛捐杂税裹挟，一步步走向了末路。

从总体上说，两税法改变了我国以人丁为主的赋税制度；将租庸调、地税、户税和各种杂税合并在一起，简化了税制，既有利于政府征收管理，也有利于百姓有序缴纳。由于替代了其他税目的征收，其在一定程度上也减轻了普通百姓的税负压力，有利于巩固和加强中央集权。但其在实行过程中所暴露出赋税摊派不均、折钱纳物等问题也在一定程度上加重了百姓的负担。正是存在这些弊病，这种赋税制度才没能一直延续下去。

五、隋唐时期的专卖制度

隋唐两朝在盐、茶、酒专卖制度上差别较大，即使是一个朝代，在不同时期，盐、茶、酒的专卖政策也有所不同。

隋朝初期，为了恢复经济，隋文帝废除了盐、酒的专卖。唐朝初期的盐、酒政策也多受隋朝影响，但在唐中后期时出现较大变化。由于饮茶之风在唐朝时才形成，因此隋朝对茶的买卖限制不多，而唐朝则将茶税作为一种重要税种。

1. 盐税与盐专卖

隋朝初年，禁止百姓采盐。隋文帝开皇三年（583）后，对盐池、盐井的开设不做限制，也基本不征盐税。唐朝延续了隋朝对盐业的政策，在唐玄宗之前，基本没对盐征税。即使到唐玄宗时期开始对盐征税，所征税额也较轻。直到唐肃宗时，唐朝才正式开始实行食盐专卖制度。

谈及唐朝的食盐专卖，第五琦、刘晏和李巽是不得不提的人物。公元758年，度支郎中、盐铁使第五琦创建了榷盐法，对食盐实行官收、官运、官销的管理方法，官府找盐户专门制盐，然后将所有食盐收购，再按每斗加价一百钱卖出。这种食盐专卖方法使得盐税成为国家赋税收入的重要来源，但在具体执行过程中也暴露出了恶意加价、设官太多等弊端。

后来，刘晏被任命为盐铁使。他在榷盐法的基础上，创设了"就场征税"制度。这是一种民制、官收、商运、商销的盐专卖制度，盐官只负责从盐户那里收盐，然后再将其转卖给商人，不必管其他环节。除此之外，刘晏还在偏远地区设置了常平盐仓，以发挥国家调控市场的作用，防止商人坐地起价，保障百姓生活和国家盐税收入。

在第五琦和刘晏的改革下，盐税成为唐朝赋税收入的重要来源。刘晏蒙冤被赐死后，大唐的盐专卖制度便逐渐被破坏。公元807年，李巽成为盐铁使，改革盐政弊端，让盐专卖制度重归正轨。但在李巽死后，大唐盐法再乱，盐利皆为藩镇所获。

2. 酒税与酒专卖

隋朝初年，依北周遗制，曾实行酒专卖制度。开皇三年（583），隋文帝废酒专卖制度，允许百姓私酿，从此也未征过酒税。唐初未实行酒专卖制度，亦无酒税。唐肃宗乾元元年，下诏禁酒，是因粮食不足。唐代宗以后，唐王朝财政困难，军费开支浩繁，才开始征酒税。

唐朝的酒税政策并不稳定，经常会发生变化。比如，唐代宗时期，要求全国各州核定卖酒户数，并令卖酒者按月缴纳酒税。这一时期经过核定的普通百姓还是可以卖酒的。公元 780 年，唐德宗下令禁止私人卖酒，此时只有官府设置的酒肆能酿酒、卖酒。但很快这种官府酿酒专卖的政策便被取消了。贞元二年

（786），朝廷下令禁止在京城和京郊卖酒，其他地方设店卖酒者征收百分之五十的税，并规定酒户可免除徭役和杂差。在淮南、河东等地对酒曲征税（榷曲）。

元和六年（811），又将榷酒钱随两税、青苗征收，榷税成了两税的附加税。唐朝对酒既征过酒税，也实行过专卖，还搞过榷曲，方法多且杂。但由于唐朝酒业发达，唐人又喜好饮酒，因此唐朝在酒税和酒专卖方面的收入也是相当可观的。

3. 茶税与茶专卖

在唐朝中前期，茶税收入不多，但随着唐朝饮茶人数的增多，种茶成为南方地区的普遍营生，茶税也因此成了唐朝财政收入的重要组成部分。

公元 793 年，唐德宗在产茶州县设关抽税，十分税一。此后，唐文宗时期曾实行过茶专卖，但其后期又恢复了德宗贞元时的税茶旧制。唐武宗、唐宣宗则在茶税之上又增"拓地钱""剩茶钱"。茶税越来越重，茶税收入也越来越多，私茶买卖更是屡禁不止。

唐朝时期对盐、酒、茶的专卖，在很大程度上增加了国家的财政收入，但这种与民争利的税收政策，并不能保障江山千秋万代。在中央集权力量稳固之时，专卖制度还可以顺利实行，一旦中央失去对地方的约束，专卖制度便会像脱缰的野马一样失去控制。

六、隋唐时期的工商杂税

隋唐时期，农业得到了恢复和发展，手工业和商业也日益繁荣起来。众多商业城镇的兴起，各类商品的频繁交易，都为隋唐统治者征收工商杂税奠定了基础。

除了对盐、酒、茶所征之税，隋唐时期的工商杂税并不算太多，主要有矿税、关市税、间架税、除陌钱、率贷、借商等。

1. 矿税

隋至唐初时期，统治者对矿产的开采、冶炼和铸造基本不征税，唐玄宗时才开始对部分地区的银、锡征税。在这之后，唐朝便开始将"山泽之利"收归中央或州县，但终唐一朝，所得矿税收入都不算多。正如《新唐书·食货志》中所记载的那样，开成年间，朝廷的矿税收入每年不过七万余缗，都比不上一县之地的茶税收入。

2. 关市税

与矿税一样，隋至唐初时期，统治者也很少征收关市税。其实，唐朝并没有自上而下系统地征收过关市税，但在不同时期，关市税都以不同的形式存在。

唐德宗时期，官府在水陆要道针对一般商品所征收的关津税，以及针对竹、木、茶、漆四类商品所征之税，都属于关市税的范畴。此外，这一时期的一些地方官僚"私路小堰，厚敛行人"，也是一种不能明说的关市税。

除了内地的关市税，中外商人在通过国境关口时也要缴纳相应的国境关税。唐人李肇在《唐国史补》中写道："有蕃长为主领，市舶使籍其名物，纳舶脚，禁珍异，蕃商有以欺诈入牢狱者。"这里提到的"舶脚"便是商人出入国境时需要缴纳的关税，也可称"下碇税"。随着唐朝对外贸易的发展，这种税收收入也在不断增多，但在国家财政收入中的占比较小。

3. 间架税、除陌钱

间架税就是房屋税。公元783年，唐朝统治者以弥补军费开支为名开征间架税。所谓"间架税"，即以每屋两架为间，按房屋的好坏划分出三个等级，上屋要缴税二千钱，中屋要缴税一千钱，下屋要缴税五百钱。

除陌钱是一种以交易所得及公私支付钱物为课税对象的杂税。所有交易所得和公私支付财物，每一千钱都要缴税五十文；如果是以物易物的交易，那就要将物品折合成现钱，然后再按照固定税率缴税。除陌钱由官府给牙商（居间商）印纸，代官府登记征收。

私人间的交易需要主动登记交易额，并申报纳税；通过牙商进行的交易，则由牙商来负责核算征收。凡是偷逃税款达一百钱者，没收缗钱达二千钱的还要杖六十。如果被人举报，被举报者还要给举报者十缗钱。

这两种杂税不仅十分严苛，在征收过程中也有很多问题，在实行不久后，便引得民间怨声一片。无奈之下，唐朝统治者只得被迫将这两种杂税废除。

4. 率贷、借商

率贷指的是唐王朝对富商财产强制征收的一种税，具有财产税的性质。唐肃宗时国家财政困难，军需用度不足，开始对江淮、蜀汉等地的富商征收率贷，以富商资产为基础，十收其二。为了安抚富商的情绪，官府通常会为这些交钱的富商授予爵位。如果富商愿意缴纳其十分之四的财产助军，那么其便可终身免除徭役。

借商与率贷一样，也是强制征收富商的钱财，不过这一次朝廷使用的是"借"的名义，即在出兵前向富商借款凑军费，答应在罢兵之后再来偿还。但实际上，富商的钱一旦"借"出去，就再难拿回来。因此对于富商来说，朝廷的"借钱令"就相当于强盗的"最后通牒"，只能遵从不能违抗。

除了上面提到的这些工商杂税，唐朝还出现过埭程、贯率、口算等工商杂税。这些税收对于增加唐王朝的财政收入作用并不大，但加诸百姓身上，可算得上是一座又一座"大山"了。

七、五代十国时期的赋税制度

唐朝末年，藩镇割据，内乱不断，五代十国更是一个大动乱、大分裂的时期。因世道混乱，各政权的统治者想尽办法设计赋税制度，以充实国家财政收入，增强国家综合实力，实现自己一统华夏的战略。

五代十国时期，政权分裂割据，经济遭到破坏。你方唱罢我登场的各政权推出了多种多样的赋税制度，有的统治者想通过轻徭薄赋大力发展经济，有的统治者则想通过横征暴敛迅速充实力量。

由于五代十国各政权赋税制度并不统一，杂税种类也多种多样，因此下面主要对五代十国的田赋、专卖制度和一部分工商杂税进行简单介绍。

1. 田赋

五代十国的田赋主要包括两税缴纳和绢帛征纳两部

分。两税缴纳主要是承袭唐朝中期的两税法，而绢帛征纳则是在后唐之后确立的一种田赋。除了这两部分田赋，这一时期还出现了省耗、鼠雀耗等各种加耗。除这些加耗之外，平民百姓还要缴纳许多随田赋一同征收的附加税，比如，农器钱、曲钱、进际税和牛皮税等。

可以看到，五代十国时期不仅社会动荡不安，就连田赋的名目也多种多样。如此繁多的税目为各政权筹集到一定的财政收入，加诸百姓身上的税负，明显要比唐朝时重得多。

2. 专卖制度

五代十国时期对盐、铁、酒等生产生活必需品的管制还是比较严格的，尤其是铁和盐，更是各政权专卖制度中的重中之重。

这一时期，各国对食盐的管制很严，有的政权喜欢征税，有的政权则垄断专卖，其目的都是尽可能多地增加财政收入。后梁因袭唐制，对食盐实行民制、官收、商运、商销的办法。后唐则对食盐划区供应，严禁私产私卖。此外，又实行官盐赊售、夏秋纳钱的蚕盐制。后晋时，初行征税制，对一般民户按五等征收盐税。后对盐商征收重税，导致盐价飞涨，食盐又转为官卖，重罚私盐。后周重新制定盐法，降低了盐税，也放松了对私自贩盐的查处度。

五代十国时期混战不断，铁是非常重要的战略资源，因此大多数政权对铁的管制十分严格，严禁百姓私自铸造铁器。但也有一些政权曾放开过铁禁，比如，后唐明宗曾准许百姓铸造农器，但需要缴纳一定的农器钱。后周则重开铁禁。

这一时期各政权对酒的管制并不严，有时会实行专卖，有时会征税。后梁不禁止百姓酿酒，百姓可以自造自卖；后唐对酒实行专卖，并对私造酒曲者施以严刑，但到后唐明宗时也曾放开过酒禁，改为对卖酒户征税。

3. 工商杂税

五代十国时期各政权除了对普通百姓征收沉重赋税，对商人也征收重税。这一时期的工商杂税的名目远远超过田赋及其附加税，可以说是行行都有税、处处都交钱。关税、市税、茶税算是较为常见的工商杂税，油税、桑税、蔬果税、桥道钱也是当时主要的工商杂税。

　　五代十国时期，各政权巧立名目征收工商杂税，主要目的还是增加国家的赋税收入。越是乱世就越要多征税，因为国家要打仗，出兵要军费，这些钱不会凭空冒出来，也很少会出自官僚地主的腰包，最终买单的还是劳苦大众。

第五章

宋元时期的
赋税制度

一、宋代的田赋制度

宋王朝统一了我国大部分地区，结束了五代十国时期的分裂局面，为北宋经济的发展创造了一个相对安定的环境。宋王朝大力鼓励垦殖，推广农业先进技术，制定了适宜的田赋制度，这些做法促进了农业的恢复与发展。

宋代田赋制度承袭唐代旧制，虽同样实行两税法，但与杨炎所创两税法已经大为不同。

宋代的耕地主要有两类，即民田和官田。其中，民田由百姓耕种，但大多集中在官僚地主手中。官田种类较多，有屯田、营田、职田、学田、仓田、公田等。不同种类官田所获用途有所不同，比如，学田所获主要用为办学经费，仓田所获主要用于仓储赈灾。

宋代征收田赋，一般以田亩为标准，将田亩按土质、色泽等划分为若干等级，再按不同等级确定税率，分夏秋两次缴纳，夏税交钱，秋税交粮。在田赋输纳方面，宋代实行"支移""折变"之法。所谓"支移"，就是民户依户等自行将田赋运到指定仓库或者交钱由官府运送的制度，即"以有余补不足，则移此输彼，移近输远"。所谓"折变"，则是夏税收钱时折换为实物缴纳，可以钱折丝绵、以钱折麦，也可以钱折绢后再折麦，反复折变后百姓所缴税负常常会增加许多。

除了田赋正税，宋代还有一些田赋附加税，比如，头子钱、义仓税、农器税等。头子钱是一种手续费，不仅在田赋征收时要缴纳，几乎所有与官府发生的收支行为，都需要缴纳一定的头子钱。这些附加税税率不定，时征时废，对百姓无任何益处。

由于宋代地主豪强逃避赋役情况较为普遍，民田缴税总额与民田总数相差较大。宋王朝为了整治藏匿人口、逃避赋税等问题，曾进行过户籍和地籍的整理工作，取得了一定效果。

在地籍整理方面，宋王朝实行了"方田均税法"。《宋史·食货志》有载："神宗患田赋不均，熙宁五年，重修定方田法……以东西南北各千步，当四十一顷六十六亩一百六十步，为一方……方量毕，以地及色参定肥瘠而分五等，以定税则。"

方田均税法通过丈量田亩、整理地籍，来防止地主豪强逃避赋税，减轻了百姓的缴税压力，取得了一定的效果。但因其损害了官僚地主阶级的利益，最终仅推行了十四年就被废止了。

为了更好地完成田赋征缴工作，宋代还建立了一套完整的税赋缴纳流程。从税租簿的编制，到税户主动缴纳赋税，再到田赋收缴后对钞销簿，最后再将田赋收入上缴州府，每一个环节都有具体的规定，这在很大程度上确保了田赋征收的稳定。

总体来说，宋代田赋制度依然以两税法为主，但在征收和具体细节方面，都已与唐及五代的两税法大为不同，可以说是一种适应时代发展而产生的全新两税法。

二、宋代的徭役制度

　　宋代百姓的徭役负担较五代时有所减轻，但名目繁杂的徭役依然给百姓的生产、生活带来诸多困扰。有识之士虽然多次寻求解决之法，但并未能从根本上解决这一问题。

　　宋代徭役主要有两类，即职役和杂徭，这是两种完全不同的徭役制度。

　　宋代将民户按照财产的多少分为五等，占田四百亩以上的为一等户大地主，占田一百五十亩至四百亩（不含）的为二等户中等地主，占田五十亩至一百五十亩（不含）的为三等户小地主和富农，占田三十亩至五十亩（不含）的为四等户自耕农，占田三十亩以下的为五等户半自耕农。在服徭役时，不同户等的民户需要承担不同的徭役责任。

　　职役又称"差役"。宋代主要有五种差役，包括：

（1）衙前：负责管理府库，以及官物押运和供应，负赔偿失误和短缺等责；

（2）里正、户长、乡书手：为朝廷督催赋税，收税不足额，自行补足；

（3）耆长、弓手、壮丁：抓捕盗贼，维护治安；

（4）承符、人吏、手力、散从官：供官府使唤；

（5）县曹司至押录、州曹司至孔目，以及州县杂职、虞候等役：负责州县杂事。

这五种差役的服役对象主要是前四等户的大小地主和自耕农，其中，衙前由财产较多的一等户地主充当，里正由一等户地主轮流充当，户长由二等户地主充当，耆长有一、二等户地主充当，乡书手由三、四等户地主充当。

搬运官物

在上述五种差役中，衙前门槛最高，似乎也最风光，但在宋代，这个"美差"可没有多少人想接。衙前主要负责保管仓库、运送粮草物资等，是一个劳心伤神又费钱的差使。宋仁宗起，差役法的弊端日渐显露。许多一等户在任衙前期间，因丢失官物或被官吏敲诈而倾家荡产。

这种苦差事，那些家财万贯的大地主自然不愿意干。为此，他们通常会买通官府，虚报家财，以躲避差役。一等户逃了衙前役，二等户也不傻，他们要么谎报卖了田地，要么分家分财，实在不行还可以出家为僧。一番折腾后，衙前役就落到了四等户，甚至是五等户身上。

杂徭又称"夫役"，多是一些临时性差遣，比如，修路、造桥、筑坝、挖渠等，有时还做一些修建官宅、搬运官物的工作。这种临时性差遣有时有有时无，时间和频次都不固定，以官家需要为主，服役的通常是四等户或五等户。

北宋时期征发农民去治理黄河是很常见的事，遇到黄河水害严重时，一次可能要征发几万甚至是十几万农民，征期一般要一两个月。从救灾治害的角度来说，这种徭役对于治理黄河泛滥，确保农业生产生活具有重要意义，但从农民个人角度来说，突然被征发徭役，田地无人耕种，会对农民个人的生产生活造成一些不利影响。

为了解决徭役扰民问题，王安石推行了雇役法，准许出钱免役，朝廷则按户等征钱。这种做法扩大了国家

赋税的征收范围，让国家赋税收入大为增加。平民百姓
只要缴纳较少一部分钱就可以少服徭役，但地主豪强要
因此缴纳较多的钱。因此，此法在实行过程中屡受官僚
地主阻挠，但最终也没有被完全废除。

三、宋代的工商杂税

宋王朝虽然在战场上的表现不尽如人意，但工商业却很繁荣。宋代的工商杂税的征收范围呈不断扩大之势。

单靠田赋收入是没办法满足宋王朝的国家财政需要的，为此，宋代鼓励工商业发展，并通过征收工商杂税的方式，来获得更多的财政收入。宋太祖曾发布诏令："榜商税则例于务门，无得擅改更增损及创收。"这意味着北宋已经有了正规的商税法规。

除了将商税的征收制度化，宋代还对商税的征收制定了多项具体规范，并将商税的征税范围大为扩大。宋代的商税主要可分为过税和住税两种。《宋史·食货志》有载："行者赍货，谓之'过税'，每千钱算二十；居者市鬻，谓之'住税'，每千钱算三十，大约如此。"

宋代开国之时，宋太祖实行轻商税政策，促进了工商业的发展。此后，北宋开始实行商税定额制。但到了南宋，为了维持财政和军费开支，商税定额不断增加，最终失去了定额的真正意义。

在宋代，力胜钱和市舶课是两种重要的商税。商人使用车、船载运米谷、食盐入市售卖，其车、船需要缴纳力胜钱。在南宋时期，即使没有载货的空船，也要缴纳一定的力胜钱。

宋代对市舶十分重视，无论是海外诸国来宋的船只，还是出海经商的宋船，都要经过市舶司的检查。宋代对市舶采取抽解和抽买的政策。所谓"抽解"，就是对舶来商品征税，通常是十税一，有时也会根据商品种类提高或降低税率；"抽买"就是对舶来商品强制征购，抽买的数额多少不定，有时会抽买货物的一半，有时会抽买货物的十之三四。

以船载运米谷

由于宋代海外贸易较为繁荣，市舶课的收入也相当可观，尤其是南宋时期，陆路贸易深受辽、金影响，市舶课更是成为宋廷财政收入的重要部分。在力胜钱、市舶课这些商税之外，两宋朝廷还制定了一系列杂税，来进一步增加国家财政收入。

1. 印契税

自公元 969 年起，典卖房产和田地的民户要缴纳印契钱。之后，典卖牛畜也要缴纳印契钱。北宋契税钱以典卖钱额为标准，仁宗时每贯收四十文契钱，此后所征契税税额有所增加，但多不过百文。到了南宋时，印契税进一步加重，民户的负担也因此增加了不少。

2. 经总制钱

经总制钱是经制钱和总制钱的合称。经制钱属于一种地方附加税，通常是在商税、牙税、契税等既定税额上加征一部分税。虽然征税对象为商人，但最终承担此税的依然是广大百姓。总制钱是在经制钱基础上推出的，与经制钱征收大同小异。南宋时两钱合并，征税定额也有所增加。

3. 月桩钱

公元 1132 年，韩世忠驻军建康（今江苏南京），由江东漕司每月拨饷十万。于是漕司以此为名向各地征税，称为"月桩钱"。当时，州县巧立名目，有曲引钱、纳醋钱、卖纸钱等。

宋代杂税可以说取前朝之"精华"，开后朝之"先河"，杂税名目之多之乱，不胜枚举。积贫积弱的宋王朝不思改革进取，反而妄图以各种苛捐杂税来聚民财为己用，这种腐朽的统治是根本不可能守住江山的。

四、宋代的专卖制度

盐、酒、茶依然是宋代大宗专卖商品，其创造税收的能力丝毫不弱于其他商品，在宋代国家财政收入中占据着重要地位。

宋代统治者非常重视税收的制度化，因此，许多税目的征缴都出台了相应的法规。对盐、酒、茶这些重要的生产生活商品，宋代统治者更是极为看重，还为其设置了专卖制度。

1. 盐专卖

宋代的盐专卖收入在国家财政收入中占据着重要地位，南宋孝宗时的户部侍郎叶衡更是有"今日财赋之源，煮海之利实居其半"的论断。如此赚钱的营生，宋代统治者自然不会无视，他们总是想办法变革盐法，不断增加盐专卖收入。

宋代盐法主要有禁榷法和通商法两类。禁榷法包括官卖、计口授盐、常平盐等，通商法包括折中法、钱盐法、盐钞法、引盐法等。

宋代初年主要实行盐官卖制度，即官制、官运、官卖之法。这种盐法需要民、兵运盐，服役者不胜其苦，每年死者数以万计，官吏又往往贪墨舞弊，以致盐利对国家财政收入贡献有限，所以推行得并不顺利。

宋太宗时期，因北方边境军需不足，于是募商人前往边郡输送粮草，此即为"入中"。收到粮草后，官府会根据路途远近和物资性质，为商人发放一种名为"交引"的有价证券。商人可以据此到指定场所兑换现钱，也可以借此支取专卖的食盐或茶叶，再去贩卖获利。这便是通商法中的"折中法"，也称"入中交引法"。

1048 年，太常博士范祥创制盐钞法，革除折中法的诸多弊端，使盐有定产，钞有定额，商人不能再囤盐获利，边郡百姓也不必再食用贵盐。但在范祥死后，盐钞滥发，盐钞法问题丛生，最终被废止。

运送粮草

1113 年，蔡京首创引盐法，即盐商向官府领取盐引，官府根据运盐路途远近和期限长短来确定盐引长短，长引期限为一年，短引期限为一季，限定装运重量和盐价，盐商在获取盐引后，要自筹运输工具，到指定地点贩盐。盐引超期半年自行作废，商人未卖出的食盐也将由官府收回。

总体来说，宋代的盐法时行时废、时更时易，于朝廷自然多有益处，但给百姓带来了诸多困扰。无论朝廷从盐专卖中获利多少，百姓都很难从中享受到实惠。

2. 酒专卖

宋代酒类的专卖主要有三种，即官卖法、买扑法和隔槽法。

官卖法自宋太宗时起实行，是一种由官府酿酒卖酒的方法。各州州城皆设有酒务，专门负责酿造、出售官酒。

买扑法自宋神宗时起实行，是一种由私人承包官营酒坊的方法。承包者只要付清买扑价款，就可以自行酿酒、卖酒。

隔槽法在南宋时开始实行，是一种由百姓自备原料并租用官府设备（隔槽）酿酒的方法。隔槽的租价随谷物价格浮动，官府也可以借此收取更多酒税。

这些酒法在最初实行时，给百姓带来的负担并不算大，但在具体执行过程中的各种加重税收的行为成了压在百姓身上的重担。

3. 茶专卖

在茶专卖方面，宋代实行"天下茶皆禁"的政策，只有川陕、广南等地区才允许百姓自由贩茶。宋太祖时期，实行禁榷法，对茶叶产销实行严格控制。官府在长江北岸共建六榷货务、十三茶场。另在两浙、江南、福建等地置买茶场。茶农可以用茶折税，所剩之茶也要交由官府或商人专卖。

除了禁榷法，朝廷在茶专卖方面也实行过"入中交引法"。宋朝政府以较低的价格收购茶农的茶叶，然后以高价卖给商人，从中赚取丰厚的利润。南宋时期，蔡京创行的引茶法，增加了朝廷的茶税收入，但加重了百姓的茶税负担。

总体来说，宋代的盐、酒、茶专卖制度是以多征税为目的的。专卖之法变来变去，始终都围绕着如何攫取更多利益。在与富商夺利不成的情况下，宋代统治者就会通过加重百姓负担来获取赋税收益。这种做法虽然确保了国家的财政收入，却加重了百姓的负担。

五、元代的田赋制度

元代虽然承继了前代的赋税制度，但有着自身独有的特点。在田赋征收方面，这些特点表现得十分明显，对元代的兴衰都产生了不小的影响。

元代的赋税制度，在元世祖忽必烈时才逐渐建立起来。在田赋方面，体现出明显的南北异制特点。

《元史·食货志》有载："元之取民，大率以唐为法。其取于内郡者，曰丁税，曰地税，此仿唐之租庸调也；取于江南者，曰秋税，曰夏税，此仿唐之两税也。"这便是元代在南北方地区实行的不同田赋政策，北方收丁税、地税，南方收夏税、秋税。

元太宗时期，便已对丁税、地税做出定制；元世祖时期，又对丁税、地税之制做出调整，确立了相对完备的丁税、地税制度。《元史·食货志》有载："全科户丁税，每丁粟三石，驱丁粟一石，地税每亩粟三升。减半科户丁税，每丁粟一石……协济户丁税，每丁粟一石，地税每亩粟三升。"百姓一般要按规定缴纳丁税或地税中的一种。

不同于北方地区，江南大部分地区承袭宋制，实行夏税、秋税。《元史·食货志》有载："成宗元贞二年，始定征江南夏税之制。于是秋税止命输租，夏税则输以木绵、布、绢、丝绵等物。其所输之数，视粮以为差，粮一石或输钞三贯、二贯、一贯，或一贯五百文、一贯七百文。"百姓需要根据土地贫瘠程度和人口多寡来缴纳相应的税赋。

此外，元代田赋还包括科差。最初的科差主要包括丝料和包银两科，忽必烈即位后，又增加了户钞、俸钞等科。

1. 丝料

丝料主要包括官丝和五户丝两部分，官丝是国家征收后纳入国库的丝料，五户丝是国家征收后赠予地方诸王贵族的丝料。元太宗时期，每二户出一斤丝，作为官丝；每五户出一斤丝，作为五户丝。元世祖时期，根据户等重定缴纳丝料的数量，与太宗时期相比，此时百姓的丝料负担已经增加了一倍多。

2. 包银

包银又称"包垛银"，是官府不定时向被通知民户征收财物以供军需的一项科差内容。初行之时，中原汉民每户需要出银六两，后改为四两。元世祖时期，在平定江南后，包银之制在江南推行，并改征银为征宝钞，民户包银负担得到较大减轻。江南地区的汉民需要缴纳包银的税额虽然比北方汉民少，但江南地区汉民的赋税负担一点也不比北方汉民轻。

3. 户钞

户钞是实行于江南的税目。元世祖平定江南后，将部分土地分封给王公贵族作为食邑，居住于分封地的民户要给王公贵族纳钞，此即为"户钞"。元世祖时期，平均每户需要输钞五钱；成宗之后，因纸币贬值，改为每户二贯。这笔钱与丝料中的五户丝一样，都不入国库，而是直接进入王公贵族的腰包之中。

4. 俸钞

俸钞相当于包银的附加，始于元世祖时期。缴纳包银的民户在上缴包银时每四两要增纳一两，以宝钞折纳，主要用来支付内外官吏的俸禄，因此被称为"俸钞"。到了元成宗时，不需要缴纳包银的纳丝户，需缴纳一两俸钞；需要缴纳包银的民户，俸钞减少为二钱五分。

除了田赋正税，元朝还有一些田赋附加税及额外的苛征。这些附加税和田赋一起加诸普通民户，尤其是江南汉民头上，给他们带来了沉重的赋税负担。相比汉民，蒙古人和色目人所需负担的税赋较轻，这也是元朝赋税制度的一个典型特征。

六、元代的专卖制度

元代的盐、茶、酒专卖制度，多承袭于南宋旧制，但在不同时期或不同地区，所实行的专卖制度又有所不同。

元代的专卖制度虽承袭于宋代，但不及宋代严苛。不同于前代，元代对商人的限制并没有那么严格，有时候商人也可以参与盐、茶、酒、醋等商品的买卖活动。

1. 盐专卖

元朝统治者对盐专卖制度十分看重。元太宗以前，主要对食盐实行定额税；元太宗时起，改行盐引法；灭宋之后，承袭南宋盐制，并加以改进。

在元代，不同时期或不同地区所实行的盐专卖制度也会有所不同。比如，设局官卖制主要行于大都，目的是稳定盐价；计口授盐制主要行于产盐区或私盐盛行之地，目的是增加盐税收入。除了这两种盐制，引岸行盐制和常平盐制也是元代的主要盐制。

引岸行盐制主要包括商运商销和官运商销两种方法。前者是商人向官府购买盐引，然后凭引贩盐；后者是商人向官府买引后，去指定盐场领盐，并在指定区域贩售。常平盐制主要是官府将食盐运到指定位置仓储，然后在盐价上涨后再平价卖出，以平抑盐价，避免奸商牟利。

总体来说，元代的盐专卖制度是以引岸行盐制为主。在这种盐制实行过程中，一些商人会与官员勾结，违规获取盐引，并以此牟利。

2. 茶专卖

元代的茶专卖制度也与南宋颇为相似，除了实行引茶法，还在一定时期或一些地区实行征税制。

《元史·食货志》有载："（至元）十三年，定长引短引之法，以三分取一。长引每引计茶一百二十斤，收钞五钱四分二厘八毫。短引计茶九十斤，收钞

元代茶专卖

四钱二分八毫。是岁，征一千二百余锭。"1280 年（至元十七年），元世祖废除了长引法，只用短引，并每引收钞二两四钱五分。

1293 年，元世祖又改江南茶法，合并那些茶课较少的提举司，并加强对茶商贩茶的限制；1318 年，又实行减引增课之法，将茶引由一百五十万引减为一百万引，将每引课钞由十两增加到十二两五钱。

除了茶引，元代还征收过茶税，但实行时间并不长。无论是茶引，还是茶税，都为元政府创造了不少财政收入。

3. 酒、醋专卖

《元史·食货志》有载："元之有酒醋课，自太宗始。其后皆著定额，为国赋之一焉，利之所入亦厚矣。"1231 年，元太宗立酒醋务坊场官，对酒、醋实行官制官卖政策，禁止民户私自酿酒售卖。后又改为民制官收官卖制，以酿酒原料为计税单位，每石课钞一两。1284 年，元政府调整酒、醋专卖制为征税制，听民自造。时间不长，元政府又恢复了酒、醋专卖之制。

元代酒、醋课大多数时间以宝钞缴纳，少数时间也会征收粮食。虽然酒、醋课对国家财政收入的贡献不如盐课、茶课高，但也是元朝政府的一项重要财源。

除了盐、茶、酒、醋专卖，元政府还对金、银、铁等各类矿产实行专卖或征税。这些收入在国家财政收入中所占比重并不大，但因与官员升迁有关联，因此通常会出现向百姓多征课税的情况。

七、元代的工商杂税

　　元代商税在国家财政收入中的地位仅次于盐课，这是前代从未有过的事情。得益于工商业的发展，元代商税收入不断增加，与此同时，各种杂税也在不断增多。

　　元代的商税是诸多工商杂税的一种。《元史·食货志》有载："至元七年，遂定三十分取一之制，以银四万五千锭为额，有溢额者别作增余。"可见，元世祖时期的商税延续了元太宗时确定的三十取一之法。

　　《元史·食货志》记载："（至元）二十二年，又增商税契本，每一道为中统钞三钱。"这里的"商税契本"是一种纳税凭证，由税务部门发放。商人在入城经商时，必须持有纳税凭证；如果没有纳税凭证或者不出示纳税凭证，便被视为匿税。

　　除了在都城内买卖商品需要缴税，元代还承袭宋制，对中外船舶所载货物进行抽分和课税，此即为元代的"市舶课"。

《元史·食货志》记载："自世祖定江南，凡邻海诸郡与蕃国往还互易舶货者，其货以十分取一，粗者十五分取一，以市舶官主之。"元初时所实行的正是宋代的抽分之法。在进行抽分后，客商便可自由买卖货品，当然，在买卖时还需要缴纳相应的商税。

沿海地区的官府自备船只、本钱和人员开展对外贸易，所获得的利润也需要进行抽分。《元史·食货志》记载："其所获之息，以十分为率，官取其七，所易人得其三。"

元代的课税，每岁有定额征收的为"常课"，无定额征收的为"额外课"。这些额外课与各种杂敛一起可以统称为"元代杂税"。

元代的额外课名目繁多，仅《元史》所记便有三十二种，如历日、契本、河泊、山场、窑冶、房地租、门摊、池塘、蒲苇等。在这三十二种额外课之中，历日、契本、河泊、山场、窑冶、房地租、蒲苇是在全国征收的课税。剩下那些多是地方性课税，比如，曲课、鱼课，就只在江浙征收；柳课、牙例课，只在河间路征收。

单独的额外课所征之税虽然不多，但累积起来也是一笔可观的收入。当然，百姓所缴纳的单个额外课虽然不多，但诸多额外课加在一起，同样是一笔不小的支出。更何况除了这些额外课，百姓还需要缴纳各种无名杂敛。

在元代，典当物品是需要纳税的，如果典当之后再卖出，还需要继续纳税。如果说这种杂敛对于不典当的百姓没多大影响，那么娶妻的彩礼、食用的粮食也要纳税，可就与每个百姓都息息相关了。

如此多的苛捐杂税，不仅影响了元代社会经济的发展，也给百姓生活带来了沉重负担。最后，生活在水深火热中的百姓，不得不揭竿而起推翻了元朝。

第六章

明清时期的赋税制度

一、明代前期的田赋与徭役

明朝的社会生产力明显提升，资本主义也开始萌芽。随着政治与经济的发展，明代的赋税制度也呈现出自己的特点。

1368年，明太祖朱元璋为巩固国家税收，开始在全国绘制鱼鳞图册。通过鱼鳞图册，明朝廷可以彻底掌握各地的土地情况，减少隐田逃税现象的发生。就像顾炎武在《天下郡国利病书》中所说："人虽变迁不一，田则一定不移。是之谓以田为母，以人为子。子依乎母而的的可据，纵欲诡寄埋没而不可得也，此鱼鳞图之制然也。"

在通过绘制鱼鳞图册整理田籍的同时，明太祖还通过设置户帖、户籍来核实天下人口。后来，明太祖又"以徭役不均，命编造黄册"。黄册以里甲制度为基础，每里一册，详细列述了各户的人口、田地、房屋情况。其与鱼鳞图册双轨并行，牢牢地将大明百姓控制在土地之上，为明王朝的赋税征收打下了坚实的基础。

明代前期的田赋依然是两税法，百姓需要按照黄册所载之田，按亩分夏、秋两次缴税。这一时期的田赋征收依然以实物为主，夏税为米、麦，秋税为米，丝、麻、棉是两税之附加。在具体征收时，明朝廷也会将米、麦、丝、麻等按比例折换成国家所需物资，比如，金、银、钞等。

这一时期的田赋税率，各地不一，这就使得有的地区田赋较轻，有的地区田赋过重。比如，浙西因土地肥沃，又曾是张士诚领地，所以税负极重。安徽凤阳、浙江青田因朱元璋和刘基而税负甚轻。

鱼鳞图册

1371 年，明太祖变革田赋收解之制，将田赋收解权交由粮长负责。这一制度实行之初，在一定程度上杜绝了地方官员在征税时对百姓的盘剥，确保了田赋征缴的顺利进行。但随着时间的推移，粮长手中的权力逐渐膨胀，许多粮长也堕落成贪腐的胥吏，粮长收解制度也慢慢变得名存实亡了。

在未编制黄册之前，明代的徭役制度为"均工夫"，《明史·食货志》有载："田一顷出丁夫一人，不及顷者以他田足之，名曰均工夫。"每户按田一顷，出丁夫一人，几户合为一顷的田少丁多者，需推一人服役。在每年农闲时，应役的百姓要到京城服役三十天，完成徭役方可返家。

均工夫这一徭役是明代前期诸多杂役中的一种。除了这种杂役，民户还要不定时地服其他各种杂役，比如，兴修水利、修建宫室、运输粮草等。

总体来说，明代前期的田赋和徭役都较轻，有利于社会经济的恢复与发展。这也是历代王朝开国时的常见策略，轻徭薄赋，与民休息。等到农业生产得到恢复与发展，手工业和商业也获得进一步发展时，这种轻徭薄赋的政策便不再适应统治阶级的需要，所以必然会加以变革。

二、"一条鞭法"的实行

　　明代中期，社会矛盾尖锐，国家财政十分困难。为了维护封建王朝的统治，内阁首辅张居正在政治、经济等方面推广了一系列改革举措。在诸多举措中，尤以"一条鞭法"对明王朝甚至后世的影响最大。

　　明王朝经历了前期的复兴与发展，到了中期已经病态尽显。在国家政治方面，皇帝不理朝政，宦官把持朝政，胡作非为；在田赋征收方面，土地兼并严重，粮长制度崩坏，土地疆界不清，课田面积急剧减少，赋役册籍遭到破坏；在徭役方面，百姓脱离土地成为流民，官员胥吏贪赃枉法，服役百姓苦不堪言……

　　赋役制度的破坏严重影响了国家财政收入，同时进一步激化了社会矛盾。此时明王朝若不及时采取措施，便可能酿成亡国之灾。为此，明代的一些有识官员便进行了诸多变革尝试，最终在张居正的主导下，将"一条鞭法"推行至全国。

《明史·食货志》记载："一条鞭法者，总括一州县之赋役，量地计丁，丁粮毕输于官……凡额办、派办、京库岁需与存留、供亿诸费，以及土贡方物，悉并为一条，皆计亩征银，折办于官，故谓之一条鞭。"

"一条鞭法"的主要宗旨就是化繁为简，先将赋和役分别归并，再将役并入赋内，赋役普遍用银折纳。比如，将各类徭役随田赋一起征收；将正税与杂税、额办与派办、力差与银差等，都按田地和丁额均摊；对各种征派实行计亩征银。这些都是简化赋税制度的做法，不仅利于赋税征收，而且可以有效管控土地兼并的速度，减少偷逃税款的行为。

"一条鞭法"将赋与役合二为一，改变了我国传统的赋役制度，标志着丁役制逐渐被租税制取代，压在百姓身上的赋役重担也因此得到缓解。计亩征银方法的实行，标志着我国的赋税征收从实物征收向货币征收转化。这对于明朝商品经济的发展也起到了一定的促进作用。

当然，作为封建王朝基于维护统治所进行的改革，"一条鞭法"也存在一些明显的弊端。它并不能改变整个社会的生产关系，也无法从根本上消除阶级剥削。"一条鞭法"确实取消了官宦贵族的一些免役特权，但他们仍然可以通过各种手段来少缴或不缴赋税。这是封建社会的痼疾，仅靠变革赋税制度是无法根除的。

此外，"一条鞭法"这一制度在具体执行时容易出现漏洞。比如，各种徭役与田赋一同征收，那么胥吏就可以在一定范围内额外加派杂役，从中渔利；在计亩征银时，百姓将粮食换成铜钱、白银的过程，也会受到商人的盘剥。因此，一项制度的好坏是需要实践去检验的，理论上的效果往往只能持续一段时间，时间久了，就会出现各种漏洞，如果不及时弥补，整个制度便会渐渐失去效力。

对于大明王朝来说，"一条鞭法"的实行在一定程度上挽救了大明江山，但这种挽救也只能抵一时之用。相比对大明王朝的贡献，"一条鞭法"对中国赋税改革的贡献显然要更大一些。

三、明代的商税与专卖制度

随着农业和手工业的发展，明代的商业也获得了一定的发展。在抑商国策之下，明代实行了繁重的商税制度和严格的专卖制度。

明初，统治者为了发展生产，曾实行过鼓励工商业发展的政策，表现在商税上，就是宽松的商税征管及较广的免税范围。但到了中后期，在工商业获得了一定发展之后，明朝统治者便开始以重税、严管来获取利益，不仅严重阻碍了工商业的发展，而且给百姓带来了沉重的赋税负担，更在一些地区激起了民变。

明代的商税主要指"关市之赋"，即关税和市税。关税主要包括工关税、钞关税、门税等，市税主要包括门摊税、塌房税等。其中，工关税是在交通要道上设关卡对客商贩运的竹子、木材和木炭等征收的实物税；钞关税是在沿河、沿江水路要冲对舟船所载货物征收钞或银的一种流通税。

除了这些基本商税，明代还相继开征了牙税、鱼课税、车马税、香税、落地税等商税。到明晚期，商税名目越来越多，商人的赋税负担越来越重。除了商税，明朝还对盐、茶等商品实行了专卖制度。

明代的盐专卖实行民制、官收、就场专卖的方法，主要有开中法、计口授盐法和商专卖法三种。

明代盐引

开中法，又称"纳米中盐法"，承袭于宋代的折中法，即招募商人运粮，充实边境地区的粮食储备，并以此获取盐引。除了可以运粮换盐引，明代还推行过运马换盐引、运布换盐引等政策，只要是国家需要的物资，都可以用这种方法。

除了让商人运粮充实边疆，明代还在一些地区实行过百姓输粮以供军食，官府给盐以偿其价的办法。此即为"计口授盐法"，官府会根据输粮的多少和距离的远近来确定给盐的多少。到了明代中后期，朝廷实行"仓盐折价"之法，令商人直接向制盐户购盐，制盐户按盐印纳银，将食盐收、运、销之权都交给商人，此即为"商专卖法"。

《明太祖实录》《明会典》等史料记载，明代商人需要先在官府花钱购买茶引，凭茶引买茶，而后才能跨区域贩卖。商人在收到茶货后，需要依例查验，只有茶货和茶引相匹配时，才能通关放行。等到将茶叶运到销售地卖出后，商人还要将之前的茶引上缴销毁。

明代的茶法有官茶、商茶、贡茶三种，官茶是官府向茶的生产者征收的实物，洪武四年（1371）规定陕西汉中诸县茶树，十株官取其一；商茶是商人向官府缴纳实物来换取茶引，并凭茶引向茶户买茶；贡茶是地方直接上贡给朝廷的茶，是明代茶法中较为特殊的部分。

相对来说，明代的商税较为繁重，这与明代商业的不断发展有很大关联。但明朝廷从商人、百姓那里征来的商税，并没有用到国家发展上，反而成为阻碍社会经济发展、导致国家覆亡的主要因素。

四、清代田赋与"摊丁入亩"

清代在田赋征收上沿用了明代的"一条鞭法"，并在其基础上进行了改革，固定丁银，摊丁入地，进一步将赋与役合而为一。

清初，清朝统治者将更多精力用在了一统江山上，在田赋征收方面则沿用明万历时的赋役册籍，实行"一条鞭法"。在完全占据中原后，清朝统治者开始对旧有的田赋制度进行调整，先是整修了新的赋役册籍，掌握了土地和人丁的变化情况，后又对乡绅富豪抗税、官员贪污等情况进行整治。这些举措虽然取得了一定成效，但并没有从根本上解决旧有赋役制度存在的问题。

地丁变动过快，土地兼并集中，官员营私舞弊，地方截留税款……这些都是清前期田赋制度存在的问题，严重影响着国家财政收入的稳定。为此，康熙时期对旧有的田赋制度进行了改革，推出了摊丁入亩之制。

《清史稿·食货志》有载："（康熙）五十一年，谕曰：'海宇承平日久，户口日增，地未加广，应以现在丁册定为常额，自后所生人丁，不征收钱粮，编审时，止将实数查明造报。'"

自此，清朝统治者将康熙五十年（1711）丁册定为常额，实行"盛世滋丁，永不加赋"政策，在固定人丁的同时，将丁银同时确定下来。自此之后，摊丁入亩之制便逐渐在各地推行。到雍正时，这一制度已经基本推行于全国。

摊丁入亩之后，丁税被并入财产税之中，丁银与田赋以田亩多少作为征收依据，无地和少地贫民所承担的赋税压力大为减轻，对于农业生产的发展和人口数量的增加具有积极意义。那些摆脱了丁役负担的劳动力开始在各个城市中自由流动，这在一定程度上也促进了清代商品经济的发展。

当然，作为统治阶级为维护统治所推出的政策，摊丁入亩的主要目的是维护国家财政收入的稳定，在具体实行中却出现摊派超额、增加百姓负担的情况。盛世时期，清朝政府尚且能以强制力来防止地方过多摊派、官员从中渔利，但随着时间的推移，到了清朝后期，摊丁入亩便逐渐失去了其积极作用，完全变成了统治阶级剥削百姓的工具。

虽然清初一直强调"永不加赋"，但其实除了田赋，百姓还需要承担耗羡、平余、漕粮加征等田赋附加。这些田赋附加并没有给国家财政带来多少收入，因为大多进了地方官员的腰包。朝廷虽然做出了规定，但要求官吏在征收过程中一文不取显然是不现实的。

摊丁入亩将清王朝带入了盛世，将清朝帝王带入了天朝上国的美梦之中。但作为一种应时而出的赋税制度，如果不随着时代发展不断对其进行调整，那么它早晚会被时代淘汰。

五、清代的专卖制度

清代对盐、茶、矿等商品既实行过专卖，也征过税。相比清代前期，清代中后期对这些商品所征税额要多出许多。

清代前期的盐、茶、矿专卖基本延续了明代旧制，只不过在不同时期、不同地区所实行的具体政策有所不同。清代后期，为增加国家财政收入，这些商品所征之税加重，尤以盐税增加最为明显。

1. 盐税及盐专卖

清代前期的盐法种类很多，但独以官督商销法实行最广。这种官督商销的盐法，也可称为"引岸制"，承袭于前代，但更加成熟。盐户在纳税后只能制盐不能贩盐，商人在纳税后获得引票才可到指定区域贩盐，不领引或越境贩盐，都属于违规贩私盐。

清代前期的盐税主要有灶课、引课、杂课、税课、包课等，虽然课目较多，但整体来说是比较轻的。到了咸丰、道光年间，实行了改引行票、盐税抽厘、盐斤加价等政策，盐税税额迅速增长。

2. 茶税及茶专卖

清代前期的茶法同样沿袭明代，主要有官茶、商茶、贡茶三种。其中，官茶征收实物，用于储边易马；商茶实行给引征课，茶商纳课领引之后才能前往产茶地购茶；贡茶专供皇室用。

咸丰年间，各省官员纷纷上奏要求加征茶税或茶厘充作军饷，由于各地情况不同，因此各地茶税、茶厘的征收方法和税率也有所不同。

3. 矿税

《清史稿·食货志》有载："清初鉴于明代竞言矿利，中使四出，暴敛病民，于是听民采取，输税于官，皆有常率。若有碍禁山风水，民田庐墓，及聚众扰民，或岁歉谷踊，辄用封禁。"清初，统治者鉴于明代矿税之害，为防流民聚集于矿区闹事，故而禁止百姓开矿，但民间偷采之风盛行。康熙年间，清廷一度允许百姓采矿，让朝廷官员监督。乾隆年间，清廷进一步放开对民间采矿的限制。到了嘉庆、道光年间，又下令禁采金矿和一部分银矿。到了清代后期，为了满足国家财政需要，朝廷又开始鼓励百姓开矿，并征收矿税。这种时禁时开的采矿政策，导致不同时期、不同地区的矿税税率各不相同，使得朝廷的矿税收入也很不稳定。

除了盐、茶、矿，清代对酒的管理也颇为严格。清代前期禁止百姓酿酒贩卖，尤其是在粮食歉收的年头，朝廷的禁酿管理比较严格。但在丰收的年头，朝廷对禁酿的管控会稍稍放松一些。在禁酿时期，朝廷并未征收过酒税，在放开酒禁之后，便将酒列入征税范围之中，但税额较轻。

六、清代的工商杂税

清代重农轻商，因此工商杂税不在减免之列，随着后期国力日渐衰退，又不断开征各种苛捐杂税，导致百姓的工商杂税负担不断加重。

《清会典事例·户部·关税》记载："国家设关榷税，定其则例，详其考核。凡以崇本抑末载诸会典，著为常经，由来已久。"从这段记述中可以看出，清代征收商税的目的在于"抑末"，也就是"抑商"，这种抑商并不是限制工商业发展，而是限制富商与朝廷争利。

清代前期的商税以常关税为主，有正税、商税和船料三种。其中，正税主要在产地征收，是一种货物税；商税实行从价征收，对货物征收通过税；船料与明代钞关税类似，会根据船的梁头大小征税。

清代后期出现了一种厘金税。这是一种值百抽一的商业税，百分之一为一厘，所以又称厘金。厘金这种新税的产生有着深刻的历史背景，一方面，太平天国运动的兴起，使清王朝产生严重的统治危机；另一方面，旧税无法再继续加增，清王朝急需新税解决财政收入的问题。此外，商品经济的发展，也为清王朝征收厘金提供了一定条件。

在具体征收方面，按照课税品种的不同，厘金可以分为百货厘、盐厘、洋药厘、土药厘四类。由于百货厘出现最早、应用范围也最广，因此通常所说的厘金多指以百姓日常所用之物为课税对象的百货厘。

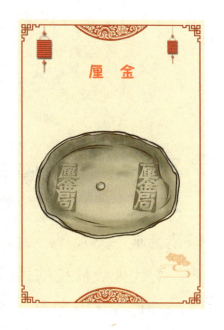

在厘金税率方面，最初是百分之一，但此后不断增加，到光绪年间已经达到了百分之五以上。在那些关卡较多的地区，遇卡便抽厘，一番折腾下来，抽去百分之二十的税也是很常见的。

厘金的出现增加了百姓的负担，同时抑制了商品经济的发展。清王朝从百姓手中征收的厘金，虽满足了军费需求，但厘金的收入并没有壮大清王朝的实力，反而让其在衰退的路上越走越快。

在商税之外，清王朝还推出了一系列杂税。《大清会典》有载："杂税有当税，有牙税，有契税，各省皆征之。其余或有或无，原编不一。其目有牛税、马税、驴骡税，有炉税，有酒税，有坑税，有铁税，有茶税，有木筏税，有烟税，有靛税，有曲税，有石膏税。市集之地有落地税，皆随征随解，附于地丁奏销。"

其中，牙税是官府向牙行和牙商所征之税，但最终掏钱缴税的依然是各类货物的买卖者。契税也称"田房契税"，是对买卖、典当土地房屋等不动产所征收的税。落地税则是商人在购得货物后拿到店铺售卖时要缴的税，也是一种货物税。

清代前期对工商杂税的征收，还能做到兼顾增加国家财政收入和促进商品经济发展。但是，到了清代后期，各类工商杂税的征收就只剩下满足国家财政需要一个目的了。

七、清代后期的关税制度

清代后期的海关税收入不断增加，但其性质已经发生了根本性变化。封建王朝独立的关税自主权已经被清王朝丢得一干二净了。

第一次鸦片战争后，清政府被迫开放了五个通商口岸，新海关的出现也让旧有的关税发生变化。如果说清代前期主要依靠常关税来获得关税收入，那在后期，海关税便成了清王朝关税收入的大头儿。

清代后期的海关税主要包括进口税、出口税、子口税、复进口税、吨税、洋药厘金、机器制造货出厂税等。

进口税主要指的是外国货物在进入关境或国境时征收的关税。

出口税是指本国货物在经过关境或国境时所征收的关税。

子口税是在中英《天津条约》签订后正式形成的，洋货货商要进入内地口岸销售货物，只需在缴纳完进出口税后，另外再缴纳百分之二点五的内地过境税，就可以在内地自由出售。子口税推行之后，一些外国商人在中国做生意时，便会向中国的买办商人出卖子口半税单，并要求买办商人为其代销或代购货品。如此一来，商贸收益被外商赚走了，可清王朝的关税收入却遭受了重大损失。

复进口税又称"沿岸贸易税"，指的是本国商品从一个通商口岸运到另一个通商口岸所征收的国内关税。因为复进口税税率与出口税一样，都为百分之二点五，所以也称为"复进口半税"。这种税与子口税一样，都赋予外商免纳厘金的特权，国内商人若想享受这般待遇，就需要花钱从外商手中购买这种特权。

《天津条约》

吨税，也称"船钞"，是在通商口岸向往来船只所征收的税，因其按船舶净吨位征收，故名。这笔钱清王朝自然想要多征多得，但吨税的税额常会因与列强签订不平等条约而降低。在中英《通商章程善后条约》签订后，清王朝还要从吨税收入中拿出一部分，用来为外商修建浮桩、号船、塔表、望楼等助航设备。

洋药厘金是对输入中国的鸦片所课的正税和厘金。

机器制造货出厂税是指对在中国口岸或内地的机器制造的货物所征的税。

外商缴纳完子口税和复进口税后，无论他们将商品运到中国的哪个地方，都不需要再缴纳内地关税，这是中国商人无可比拟的。中国商人逢关就要纳税，过卡便被抽厘。在这种情况下，中国的商品经济想要正常发展，资本主义想要成长，是非常困难的。

对于病入膏肓的清王朝来说，保护民族工商业排在了增加国家财政收入之后。不得不说，通商口岸开通后，清王朝的海关税收入确实在不断增加，财政收入也因此增加了不少，这在一定程度上为清政府延续统治起到了重要作用。